Av Plura Jonsson har tidigare utgivits
Resa genom ensamheten, 2008
Texter & historier från Den stora landsvägen, 2008

Norstedts
Besöksadress: Tryckerigatan 4
Box 2052
103 12 Stockholm

www.norstedts.se

Norstedts ingår i Norstedts Förlagsgrupp AB, grundad 1823

Andra upplagan, första tryckningen, 2011
Kock: Johan Åkerberg
Foto: Pepe Nilsson
Bildbehandling: Niklas Arkhammar
Formgivning: Pär Wickholm
Foto baksida, sid 6, 18–19, 100 och diverse bakgrunder: Pär Wickholm

Tryck: Elanders Fälth & Hässler, 2011
Prepress: Fälth & Hässler, Värnamo
ISBN 978-91-1-303872-8

PLURAS KOKBOK

PROVENCE – KUNGSHOLMEN – KOSTER

JAG OCH MIN STORA APTIT

När jag vaknade på morgnarna kunde jag känna dofterna från köket, mamma var redan igång med dagens lunch och många gånger även med dagens middag. Det var ännu mörkt ute och i taket kunde jag se strålkastarskenet från spårvagnarna som stretade uppför Kungsgatebacken. Från Bergsbron vid Motala ström och upp till S:t Persgatan, där vårt hus var beläget, är det ganska brant så ljuskäglorna från spårvagnarna lyste in genom våra fönster på andra våningen och liksom vandrade över rummets tak för att sedan försvinna tills nästa spårvagn kom. Det var mitt sömnmedel när jag var barn, ljuskäglorna som vandrade över sovrummets tak. Nu var det morgon och jag hörde tryckkokaren pysa och kände lukten av fläsk.

Än idag kan jag känna dofterna från köket, i början var de nya och okända, men vartefter åren gick lärde jag mig, jag visste att nu kokade hon slånbärssaft, eller konserverade svamp, eller lingonsylt. Jag låg i sängen och sniffade, ärter, då kommer farfar idag, och det blir plättar eller pannkaka efter ärtsoppan. Pappa kom hem och åt varje lunch om han inte var bortrest förstås, vilket hände ganska ofta, då var det bara vi tre, jag, min bror Stefan och mamma. Min syster Eva, som var fem år äldre än jag, måste ha ätit i skolan, henne kan jag inte se vid bordet. Pappa hade något slags vargledarroll vid våra måltider, han valde först av godsakerna, sedan vi andra. Han skulle ha de ben som det var mest märg i, att ljudligt och sörplande suga i sig, likaså var fiskhuvuden vikta för honom, han stoppade in dem i munnen med ögon och allt, han sög och smackade tills det kraschade och sedan kom benen ut igen. Att vissa saker på bordet var vikta för honom var lite märkligt, eftersom ingen annan i familjen aspirerade på dessa i pappas ögon jordiska delikatesser. Idag är jag övertygad om att det såddes ett frö inom mig när jag såg min far kalasa på benmärg och fiskögon. Jag lärde mig någonting om mat: Det är inte oxfilé och

Mamma Magda, 1957.

»När man vaknade kände man doften av sylta, pölsa och nykokta rödbetor, och när man kom ut i köket låg oxtungor och kalvtungor ännu ångande på arbetsbänken …«

kycklingfilé som smakar mest och bäst, snarare smakar det om inte sämst så ändå minst.

Veckan före jul var förstås själva crescendot på matlagningsåret, då släcktes inte lampan i köket många timmar på dygnet. Mamma stökade i köket till två på nätterna och satte igång igen vid femtiden på morgonen. Denna vecka var man liksom omtöcknad av luktintryck, näsan var som en redlös drinkare som blivit akterseglad i barskåpet, det fanns ingen botten att sätta ner fötterna på, det var bara att hinka på. När man vaknade kände man doften av sylta, pölsa och nykokta rödbetor och när man kom ut i köket låg oxtungor och kalvtungor ännu ångande på arbetsbänken, köttkvarnen satt monterad på bordet, det skulle göras korv också och leverpastej och gud vet allt. Bruna bönor las i blöt och kokades, sillen las in och lutfisken vattnades ur, ingenting skulle fattas på det Jonssonska julbordet. Kvällen före julafton kokades skinkan, själva grande finale på veckan, och vi åt ännu

Plura, Carla och hungrig kamrat provsmakar korvar, 1962.

varma skivor av skinka med hemgjord senap på vörtbröd och drack julmust.

Sommaren kom och med den andra dofter. Vårt sovrum i Filipsstugan på Norra Lagnö i S:t Anna skärgård gränsade till köket. Här vaknade man i ett rum tapetserat med röda rosor och torkade blodfläckar av myggor som inte skulle flyga mer och pappa som rusade in i rummet, öppnade fönstret och meddelade att solen redan stod högt på himlen och nu skulle vi upp och hoppa. Jag minns hur sommarmorgonens vind letade sig in och tog tag i de tunna gardinerna som buktade sig inåt rummet, luften fylldes av daggdoftande gräs och fuktig jord, koltrastarna hade tystnat och i stället hörde man spillkråkan skrika i skogsbrynet. Klockan var väl åtta och pappa hade varit uppe sedan fem, vittjat långrevarna, gjort några kast med spöet, rensat fångsten och bärgat den hem till mamma. Från köket hörde man vedspisen spraka och doften av nystekt abborre letade sig in genom dörrspringorna, väl till bords fanns också, ofta men inte alltid, stekt ål och gädda, nystekt färskpotatis och till det drack jag, om inte minnet spelar mig ett spratt, varm choklad.

Det är här, i min barndom, som mitt intresse för och min kärlek till mat föds. Jag kunde inte undgå det, från det att jag öppnade ögonen på morgonen tills jag slöt dem på kvällen fylldes min näsa av kökets aromer och luktintryck.

När jag senare i livet flyttade hemifrån var den första lärdomen i livets hårda skola den, att om ska jag äta gott i fortsättningen får jag lära mig att laga mat. Det blev många samtal hem till Magda, som min mor hette, de första åren, ja egentligen fortsatte de samtalen ända tills hon dog. Hur gör du dina köttbullar, din Janssons frestelse, hur länge i ugnen, vilken temperatur? Osv.

Så Magda var min stora och min första förebild i köket. Hon kom senare att delvis ersättas av Tore Wretman och hans kokbok, *Svensk husmanskost*. Det var som att ha Magda på bokhyllan i köket. Det var samma matlagningstradition, och jag svalde den med hull och hår. Allt skulle lagas och provas, och det blev fel och misslyckat ibland och jag ringde Magda och konsulterade och fick råd. Att prova och misslyckas är det enda sättet att lära sig, att inte slaviskt följa alla recept, att inte rusa ut och köpa hallonvinäger bara för att det står så i receptet, ta den vinäger du har, har du ingen ta citron.

Under åren som gått har jag lagat och provat och ibland kommit på nya vinklingar och kommit underfund med att jag inte behöver så mycket, jag har mina basvaror, jag kan inte ha världens alla kryddor hemma i skåpet, jag har mitt eget kök, lagar min egen mat. En färsk fisk behöver ingen fancy sås, det mår den bara dåligt av, den behöver lite salt och peppar, kanske lite smält smör – tro mig, så enkelt är det.

Ja, lyckliga oss som fick äta Magdas mat, ingenting har överträffat den, maten var enkel och lagad med stor kärlek och mycken omsorg. Hon var en konstnär ut i sina fingerspetsar som alltid hade några brännblåsor eller skärsår, och ärren på hennes händer var otaliga.

Nu är den här kokboken inte full av min mammas recept, det finns andra sådana böcker, till exempel *Svensk husmanskost* av Tore Wretman. Inte heller en massa julmat, den boken får bli en annan gång. Här är helt enkelt recept på mat som jag lärt mig att laga och som jag fortfarande lagar från och till. Saker jag lärt av Magda och Tore, av människor jag träffat i Sverige och utomlands, rätter som serverats mig på restauranger i Spanien, Frankrike, London, New York, Venedig och slutligen vildand med knödel och rödkål som den serverades mig i Berlin julen 2008. Mat jag lärt mig under 40 års tid.

Vi är fyra personer som gjort den här kokboken, förutom mig själv är det Johan Åkerberg som är kock och matkonsult, Pepe Nilsson som är prisbelönt fotograf samt Pär Wickholm som har gjort layouten. Det är visserligen jag som valt ut de rätter som har lagats, men alla har haft synpunkter och lagt sig i och kommit med egna förslag. Vi började i Frankrike, eftersom det franska köket ju haft stort inflytande på vårt svenska kök. Vi fortsatte till Sydkoster på västkusten, den ö som jag tillbringat så mycket tid på de senaste 10 åren, med all fisk och skaldjur som där kan fås. Vi avslutade hemma hos mig i Stockholm och lagade en del husmanskost, både klassisk svensk och sådant som kanske blir klassiker om 20 år.

Recepten i min kokbok är avsedda för fyra personer.

»Att prova och misslyckas är det enda sättet att lära sig, att inte slaviskt följa alla recept, att inte rusa ut och köpa hallonvinäger bara för att det står så i receptet, ta den vinäger du har, har du ingen ta citron.«

INNEHÅLL

PROVENCE

HISTORIEN OM JAKTEN PÅ ANKLEVERN

Detta är historien om fyra män som for till södra Frankrike under förevändning att de skulle göra en kokbok, och det kanske de skulle också, historiska och kulturella skäl talade för resan, ursprung och vagga likaså, förmodligen var det så, men egentligen var det bara en förevändning för att få fotografera en stekt skiva anklever på en brödbit och sedan äta upp den. Åtminstone förhöll det sig så för tre av herrarna, den fjärde var vegetarian och hans uppsåt torde varit rent, men å andra sidan drack han en kväll så mycket Ricard att han trodde han skulle dö och beklagade sig över detta och kräktes, dock helt reglementsenligt på toaletten så ingen större skugga ska falla över honom. Dessutom fann de tre övriga i sällskapet det hela en smula underhållande, och de kände sig som köttätare stärkta i tron. Deras högmod var en smula olycksbådande, det är det alltid. Visst skulle vi göra en kokbok, sa de, men det stora målet var anklevern, den skulle anrättas, ljussättas och fotograferas efter konstens alla regler, den var ju ändå kungen av inälvor.

Vi får se vad ödet hade i beredskap för herrarna.

Måndagen den 12 maj 2008 hämtade Pepe upp mig i en taxi på Parkgatan klockan 6 på morgonen, via upphämtning av Johan och Pär på S:t Eriksgatan styrdes så färden mot Arlanda för vidare transport till Nice på den franska rivieran. Här satt vi nu alltså i en taxi, vi fyra som skulle göra min kokbok, Pepe fotograf, Pär AD, Johan kock och matkonsult och så jag och min stora aptit. Min stora aptit på allt, på mat och dryck, kärleken och livet. Det ligger liksom inte för mig att tacka nej, allt som finns på denna jord förtjänar att provas, stoppas i munnen, avsmakas och sväljas. Ibland har det dock blivit för mycket av det goda, det ska villigt erkännas, men jag har alltid kravlat mig upp på nio, gått i clinch tills gonggongen räddat mig och sedan kommit ut till nästa rond, mindre blåögd kanske, men fortfarande lika hungrig. Världen är ett mattempel där olika matkulturer dukas upp, sida vid sida, och livet är en kulinarisk resa i detta tempel, en resa från vilken vi plockar med oss minnen och ingredienser

RUE
La fourmi

hem till vårt kök, och maten förändras och påverkas av dessa resor och andra kulturer. Så har skett i evinnerliga tider och så kommer det alltid att vara, och det kan vi tacka vår lyckliga stjärna för.

Detta faktum var alltså anledningen till att vi runt lunchtid samma dag satt på en uteservering i den lilla staden Fayance i Provence, några mil nordväst om Nice. En liten medeltida stad som klättrar uppför berget, med smala gränder, en slaktare, ett bageri, en vinhandlare, ett tiotal restauranger, matmarknad på torget några dagar i veckan och en fantastisk utsikt över slättlandskapet mellan Alperna och Esterelmassivet, speciellt slående var den vy man såg från takterrassen på det hus som vi fått låna, beläget nästan högst upp i stan. Vi hade rest hit eftersom så mycket i det europeiska köket har påverkats och influerats av det franska sättet att laga mat. Det var liksom här på uteserveringen på den lilla gatan som klättrade uppför berget som det började en gång i tiden, och nu blev allt som man kunde önskat sig. Lammkotletter, skivad råstekt potatis och gröna bönor bars till vårt bord och om jag hade kunnat önska mig någonting i förväg så var det just denna rätt, och ett glas rödvin, enkelt och vällagat.

När vi installerat oss i huset tillbringade vi eftermiddagen med att inhandla varor för kommande dags matlagning. Det som inte fanns i grändernas butiker hittade vi i de stora Supermarchées som låg nere på slätten nedanför stan. Där nere fanns också Bondens marknad där vi handlade grönsaker, ostar och produkter från ankfarmen strax intill. Kort sagt, ett febrilt handlande utbröt, skinkor, lammlägg, bläckfisk, märgpipa till Bœuf Bourguignon, pärlhöna, sparris och mycket, mycket mer, framför allt vin och mer vin, konjak, pastiser, ja en flaska whisky är ju alltid bra, vem vet, det kan ju blåsa upp till storm och det vet man ju hur ruggigt det kan bli. Det enda vi inte kunde finna i den lilla staden var färsk anklever. Först på måndag, upplystes det om, vilket var en klen tröst, på måndag skulle de nämligen vara hemma i fäderneslandet igen. Nå det skulle lösa sig och några skivor terrin fick duga så länge. Så kördes all mat uppför berget och kånkades tre trappor upp till köket, fortsatte man en trappa till befann man sig alltså på takterrassen, förslagsvis med en Ricard i handen och staden och slätten mellan bergen under sig. Här satt vi väl några timmar första kvällen och planerade nästa dags matlagning, sedan tog vi oss ner för trapporna och gränderna, slog oss ner på en uteservering, upptäckte till vår stora glädje att anklever fanns på menyn. Det kunde inte ha börjat bättre.

Jag vaknade vid sjutiden följande dag, det hade blivit någon timme till uppe på terrassen efter restaurangbesöket kvällen innan, i sällskap av stjärnorna och ett glas whisky, blåste det inte lite mer, nästan storm, och stod det inte på värdparets ordningsregler för huset som låg nere i köket att man inte skulle lämna whiskyflaskor efter sig när man reste hem. Jag klädde på mig och promenerade ner till bageriet, köpte baguetter, lite annat matbröd och croissanter. Vid nio hade alla vaknat, ätit frukost uppe bland takåsarna, och matlagningen och fotograferandet drog igång. Jag och Johan stod i köket och lagade rätt efter rätt som hämtades av Pär och bars upp till terrassen där Pepe fotograferade. Vid ca 18:00 avslutades arbetet, pastis hälldes upp, och fortfarande med dalen som utsikt förflöt sedan timmarna i samspråk. Då och då nämndes anklevern, tills ett visst mått av hunger inträdde och samma procedur som kvällen innan följde. Någon kväll spelades några erbarmliga biljardpartier på en bar, men samtliga dagar avslutades där de började, nämligen på den lilla altanen, alldeles nära himmelen.

En kväll uppe bland stjärnorna kom Grekland på tal, och plötsligt börjar Pepe berätta om somrarna på Hydra, det var i början av 60-talet då han och hans mamma och systrar hyrde hus där och umgicks med Leonard Cohen, hans mamma kan t.o.m. haft någon liten affär med den kanadensiske författaren och trubaduren. Ingen minns, allra minst herr Cohen själv, som verkar ha haft affärer med det mesta på vår jord, i alla fall med det som går på två ben. Pär och jag lyssnade med gapande munnar, detta var inte vilket fyllesnack som helst, det här var fyllesnacket med stort F, skvallret med stort S, S som i sant och P som i påfyllning.

»Någon kväll spelades några erbarmliga biljardpartier på en bar, men samtliga dagar avslutades där de började, nämligen på den lilla altanen, alldeles nära himmelen.«

Johan verkade inte hålla med om detta, antingen hade han hört skiten förr eller så var han för ung för skrönor om gamla farbröder som spelar akustisk gitarr och sjunger tragiska sånger om kärlek. Han fann i vilket fall som helst ämnet ointressant, försvann ner i köket och strax hördes infantil hårdrock ljuda från våningen under. Detta var den där snabba, mest plågsamma formen av hårdrock, hur som helst, ett högst opassande soundtrack till denna grekiska sommarsaga.

På altanen berättades det dock vidare. Leonards kvinnor, Marianne och Suzanne fanns också där, liksom Göran Tunström och Lena Cronqvist, det var 60-tal och konstnärer och författare strömmade till ön, allt lät i mina öron som ljuv musik. Kvällar i hamnen, retsina, grillad bläckfisk, metaxa och ouzo, heta dagar och doften av oregano, bad, katter och hundar, mera retsina, dag efter dag, kväll efter kväll, visst var det så och visst tar sagan slut och några reser och några blir kvar.

Några år senare återvände Pepe till ön efter en sejour i Nepal, naturligtvis sjuk och undernärd, vad annars, men inte så dålig att han inte kunde sätta på Suzanne, eller var det Marianne, kanske båda. Ett telefonsamtal senare och jag vet, det var mest Marianne, och för henne var Pepe lammkött, Suzanne var mest ett strul och en kul trofé. Leonard hade stuckit men dessa hans två omsjungna musor levde kvar på ön. Hos Suzanne hade Cohen lämnat sina två barn och hon var bitter och klagade över att han aldrig hörde av sig. Hon tröstade sig dock med Pepe, han var ju lammkött, visserligen svag och undernärd, men utbudet på Hydra var kanske inte så stort. Någon gång dök sybariten Leonard upp, han mindes naturligtvis ingenting av Pepe eller hans mamma. Suzanne tröttnade på den sjuklige svensken och Pepe flyttade hem till Sverige. Där började berättelsen vackla, det hade varit en lång dag för oss alla, mycket mat och mycken dryck, och än var inte allt uppdrucket. Vår fotograf gick och la sig, kvar satt Pär och jag och tittade på varandra. Sicken story, sa vi med en mun, ljuger han, undrade vi vidare. Jag får kolla upp det här, tänkte jag innan jag somnade.

Från nio till sex lagades mat varje dag, med avbrott för vissa avstickare ner till marknaden på torget eller till Bondens marknad. Det var dock en sak som inte för allt smör i Småland gick att uppbringa, färsk anklever. Vi frågade överallt, men tji fick vi, inte ens ankfarmen kunde leverera förrän dagen efter vår hemresa. Så en dag stuvade vi in oss i hyrbilen och körde ner till Antibes. Förutom anklever var det en del fisk vi inte kunde hitta i Fayance, och dessutom fanns ju en stor marknad där vi kunde få fina bilder.

Matmarknaden i Antibes är väl stor som en mindre fotbollsplan, och, berättade Pepe, för 20 år sedan bestod halva ytan av fiskstånd. Idag finns inte ett enda, det säger en del om hur fiskbeståndet i Medelhavet har minskat. Nåväl, alldeles intill finns en liten fiskaffär där vi fann det vi sökte. Nu återstod bara anklevern och till sist hittade vi en butik

som bara sålde egna ankleverprodukter. Äntligen efter fyra dagars letande, bingo. Expediten berättade stolt om sina produkter, jag och Pepe lyssnade tålmodigt, vi fick veta det mesta om produktionen, olika kvaliteter, när var och hur o.s.v. Vi skulle säkert ha stått där än med gapande munnar om vi inte varit tvungna att återvända till vårt högkvarter och våra grytor och kastruller. Till slut bad vi om två skivor av den lilla godsaken, expediten skakade på huvudet, nej man kunde bara köpa en hel lever men vi kunde få den minsta han hade, av bästa kvalitet där alla blodkärl var borttagna, för 700 kr. Vi rådslog, vi hade redan övertrasserat budgeten rejält, hela summan för alla matinköp till boken var i det närmaste slut och vi hade precis börjat, det var inte försvarbart inför bokförlaget att köpa en inälva för 700 kr, skära av en skiva och slänga resten. Vi gav upp, det skulle inte bli någon stekt anklever på en grillad brödskiva den här gången. Jakten var avblåst, än en gång hade det visat sig att högmod går före fall, vi fick anrätta anklever hemma i Stockholm, resonerade vi när vi småspringande skyndade till bilen. Dock ska det sägas att vi var stora i vårt nederlag. Ingen beskylldes för att genom tanke eller handling vara skyldig till den nesa som drabbat sällskapet. Nej, vi var kunniga yrkesmän på sina respektive områden och visste av erfarenhet att ingen olycka finns som lite fusk inte kan skyla över.

På fredagsmorgonen städades det, överblivna livsmedel lades i kartonger som ställdes utanför den restaurang där vi första dagen hade ätit lunch. Väskor och utrustning bars ner till bilen och vi körde ner för berget och ut ur staden förbi fältet med de röda vallmoblommorna, och snart var Fayance bara en liten vit prick med röda tegelpannor på berget bakom oss. Det enda som vittnade om vårt besök i staden var en halvt urdrucken flaska whisky som stod kvar i ett av skåpen i köket, ingen av oss hade haft hjärta att hälla ut den.

VITLÖKSFRÄSTA SMÅ BABYSQUIDS

Jag älskar bläckfisk, på längden, på tvären, hursomhelst, stor eller liten, stekt, kokt eller grillad, det spelar ingen roll, keep them coming. I den här boken förekommer några recept på bläckfisk och därför ska vi reda ut lite först. Bläckfisk finns i ett otal varianter och de kallas för olika saker runt om i världen. Här i boken förekommer endast tre (oftast de som kan köpas i Sverige) och jag bestämmer vad de ska kallas, någon jävla ordning får det vara. Den lilla tioarmade runt 5–7 cm kallar jag babysquid, den lite större tioarmade 10–20 cm får heta calamares, och den stora åttaarmade från ett halvt kilo och uppåt benämner vi åttaarmad bläckfisk.
Servera som ensam förrätt eller som en av många rätter på en buffé.

1 kg babysquid
2 dl olivolja
10 vitlöksklyftor, hackade
1 bunt bladpersilja, hackad
nymalen svartpeppar
salt
citron

Hetta upp hälften av oljan i en panna och lägg i bläckfisken, stek på hög värme tills de är klara. Det går fort.
Lyft ur men spara oljan i pannan och tillför resten av oljan, hetta upp igen. Lägg i vitlöken och stek den nötigt gyllenbrun. Lägg i persiljan och stek hastigt med svartpeppar. Slå den varma oljan med vitlök och persilja över bläckfisken, toppa med flingsalt och citron. Varsågod och njut.

CALAMARES

GRILLAD BLÄCKFISK MED CHILIOLJA

Här handlar det om den sortens bläckfisk som jag kallar calamares. Storleken ska vara som en handflata ungefär, helst lite större, om det finns. Det är också väldigt viktigt att kvaliteten är bra, luktar bläckfisken inte gott så är den inte god. Köp hellre bra fryst än gammal färsk eller tinad som har legat några dagar i fiskdisken, asiatiska affärer brukar ha dem i frysen. Det här åt jag i London på River Café en gång, sedan dess är det en favorit som jag ofta bjuder på hemma i mitt kök. Ännu har ingen klagat, tvärtom.

4 bläckfiskar (calamares)
färsk chili
olivolja
citron
salt
peppar
rucolasallad

Hacka en chilifrukt eller två fint och lägg i en skål. Häll över 1 dl olivolja, pressa i lite citron, salta lätt och rör om. Försök att pressa med skeden mot den hackade chilin så att dess smak blandar sig med olivoljan.

Rensa bläckfisken, ta tag i huvud och tentakler och dra försiktigt loss dem från kroppen, försök att få med så mycket av inälvorna som möjligt. Skär av tentaklerna från huvudet precis under ögonen, släng huvudet, pilla bort den broskliknande näbben från tentaklerna.

Ta bort det genomskinliga membranet som sitter inuti. Dra bort den tunna mörka hinnan som omger utsidan av bläckfisken, dra försiktigt bort fenorna från kroppen. Bläckfiskkroppen är nu som en trekantig säck som ni lägger på skärbrädan, dela den i sidorna så ni får två trekanter i stället, skrapa bort eventuella hinnor eller innanmäte som finns kvar. Skåra försiktigt insidan av trekanterna så att ni får ett rutmönster, en vass kniv underlättar. Häll olivolja över kropp, tentakler och fenor, salta och peppra, blanda om. Lägg bläckfisken på den heta grillen med den skårade sidan nedåt, lägg också på övriga delar. Vänd på fisken efter någon minut, rätt snart rullar den ihop sig och den är klar.

Lägg upp på tallrik tillsammans med rucolasallad som stänkts med lite olivolja och citron, häll chilioljan över bläckfisken och njut. Jag lovar och svär, gott.

ATT KOKA BLÄCKFISK

1–2 kg bläckfiskarmar

Skölj och lägg bläckfiskarmarna i en kastrull. Koka upp under lock utan att tillsätta vatten. Sänk värmen och låt armarna småsjuda under lock i sitt eget spad i ca 40 minuter. Ta upp och smaka så de känns möra. Skär upp och servera direkt, strö hackad chili och slå olivolja över. Salta och peppra. I Spanien har jag sett att de äter kokt potatis till. Eller låt svalna och gör något av följande recept.

CARPACCIO

4–5 bläckfiskarmar, kokta
1 röd chili, hackad
1 kruka koriander
2–3 msk olivolja
1 citron, pressad
salt
peppar

Skiva de kalla bläckfiskarmarna tunt och lägg på ett fat.
Strö över chili och koriander.
Ringla över olja och citron, krydda med salt och peppar.

DRESSING

1 chili, hackad
2 vitlöksklyftor, hackade
1 dl hackad persilja
1 citron, pressad
2–3 msk olivolja
salt
svartpeppar

SALLAD

4 bläckfiskarmar, kokta och skivade
5 kokta potatisar, skivade
1 rödlök, skivad
1 huvud romansallad, plockad

Blanda en dressing på chili, vitlök, persilja, citron och olivolja. Smaka av med salt och peppar.
Vänd i bläckfisk, potatis och lök.
Lägg upp på en bädd av romansallad.

GRILLAD FISK/SKALDJUR FRITTO MISTO MED SALSA VERDE OCH MAJONNÄS

En rätt som finns över hela världen skulle jag tro utom här i Norden. Jo förresten, jag åt den på en thailändsk restaurang i Stockholm, det visade sig vara om inte mitt livs misstag, så i alla fall bortkastade pengar, med andra ord ytterst mediokert. Däremot har denna anrättning burits till mitt bord i de flesta Medelhavsländerna och dess öar, och aldrig gick jag missnöjd därifrån.

2 kg fisk och skaldjur

Helst fast fisk som inte faller isär så lätt, till exempel makrill, tonfisk, strömming, hälleflundra, gös, marulk, svärdfisk eller liknande. Mindre fiskar kan grillas hela, större fileas eller skärs i bitar.
Havskräftor, hummer, blåmusslor, räkor, pilgrimsmusslor, bläckfisk i någon form tycker jag är ett måste.

Principen för denna rätt är följande: När grillen är glödhet lägger man på fisk och skaldjur efter tillgång och plånbok. Sedan dricker man vitt vin och doppar fisken i de såser man har orkat göra. Bröd till är väl självklart.

Servera även någon sallad till.
Salsa verde, sid. 43
Aioli, sid. 29
Majonnäs, sid. 29

RÖROR, AIOLI OCH MAJONNÄS

På marknaden i Fayance slogs man av ett enormt utbud av olika röror avsedda som tillbehör eller att ätas på en bit bröd. Ställ fram på bordet tillsammans med bröd, lite charkuterier, kanske någon av salladerna i denna bok, så kan dina gäster ta för sig medan du fixar maten. Själv älskar jag att hacka för hand, det är bra knivträning och dessutom gillar jag den handgjorda konsistensen. Men är man inte så skicklig med kniven eller har bråttom tar man en mixer, då går det på nolltid att göra dessa röror.

TAPENADE

3 dl urkärnade svarta oliver
2–4 vitlöksklyftor, skalade
3–5 sardellfiléer
1/2 dl kapris
1 dl olivolja
1/2 citron, pressad
salt
peppar

Lägg oliver, vitlök, sardeller och kapris i en mixer och mixa till önskad konsistens medan olivolja tillsätts.
Smaka av med citron, salt och peppar.

PAPRIKARÖRA

1 lök, hackad
1 röd chili, skivad
1/2 dl olivolja
1 pkt gröna ärter, tinade
1 burk inlagd röd paprika i olja (300–400 g)
1 dl rostade pinjenötter
1–2 msk vitvinsvinäger
salt
peppar

Börja med att svetta lök och chili i lite olivolja tills de blir mjuka. Lägg lök, chili, oljan från pannan, ärter, paprika + olja och pinjenötter i en mixer. Mixa till önskad konsistens, späd med mer olivolja om den verkar för tjock. Smaka av med vinäger, salt och peppar.

GRÖN OLIVRÖRA

3 dl urkärnade gröna oliver
2 dl gröna ärter
1 kruka basilika, skivad
2–4 vitlöksklyftor, skalade
1 dl rostade pinjenötter
1 dl olivolja
1–2 msk äppelcidervinäger
salt
peppar

Lägg oliver, ärter, basilika, vitlök och pinjenötter i en mixer och mixa till önskad konsistens medan olivolja tillsätts.
Smaka av med vinäger, salt och peppar.

Vispa äggulor, senap, vitlök, citron, salt och peppar till ett ordentligt skum.
Droppa i någon matsked olja under vispning, fortsätt så med hälften av oljan, tillför sedan mer och mer under konstant omrörning tills all olja vispats i.
Smaka eventuellt av med mer citron, salt och peppar.

Aioli och majonnäs ska man kunna göra själv, det tillhör grundkurs ett. Det blir så mycket godare än färdigköpt. Kan du göra en majonnäs kan du sedan smaksätta den med, till exempel, dill eller ingefära. Ingefärsmajonnäs till nykokt hummer smakar förträffligt. Det underlättar om alla ingredienser har rumstemperatur, och ta det försiktigt i början när du tillsätter oljan.

MAJONNÄS

2 äggulor
1 msk senap
1 msk vinäger
salt
vitpeppar
3–4 dl majs- eller rapsolja

AIOLI

2 äggulor
1/2 msk dijonsenap
2 vitlöksklyftor, pressade
1/2 citron, pressad
salt
vitpeppar
2 dl olivolja
2 dl majs- eller rapsolja

Vispa äggulor, senap, vinäger, salt och peppar till ett ordentligt skum.
Droppa i någon matsked olja under vispning, fortsätt så med 1 dl olja, tillför sedan mer och mer under konstant omrörning tills all olja vispats i.
Smaka eventuellt av med mer vinäger, salt och peppar.

HELSTEKT ANKA MED APELSINSÅS OCH RÖSTI

Jag får nog inte med osanning om jag påstår att vi äter rätt lite anka här i Sverige, man ser det ganska sällan i affärerna eller på restaurangmenyer. Det är synd för det är ju väldigt gott och festligt att bära fram en helstekt anka till bordet. I andra länder är anka och gås mycket mer vanligt. När jag nyligen tillbringade julen i Berlin fanns gås och anka på i stort sett varenda restaurang vi besökte. Till och med den italienska Osteria Numero Uno på Kreuzbergstrasse serverade dessa fåglar och de smakade himmelskt, med endast lite råstekt potatis, broccoli och en enkel sås gjord på stekskyn. En flaska rött vin dracks naturligtvis till det hela. Några dagar tidigare åt vi på anrika Lutter & Wegner på Charlottenstrasse vid Gendarmenmarkt, där serverades ankan på en bädd av rödkål ackompanjerad av en friterad knödel, även här fick en flaska rödvin sätta livet till. Så när vi planerade resan till Frankrike och vad vi skulle laga tänkte vi, varför inte göra oss till med klassikern Canard à l'Orange, anka med apelsinsås, en riktig klassiker. Så fick det bli. En anka inhandlades sålunda på Bondens marknad nere på slätten, några minuters promenad från ankfarmen. Mer närproducerat kan det inte bli.

1 anka, 2–3 kg
2 apelsiner, rivet skal och saft
1 hel vitlök, krossad med skal
1/2 dl olivolja
2 apelsiner, skivade
6 stjälkar rosmarin
salt
peppar

Lägg ankan i en ugnssäker form. Gnugga in den med skal och saft från 2 apelsiner, vitlök, olivolja, rosmarin, salt och peppar både ut- och invändigt och lägg apelsinskivorna runt om. Vitlök och rosmarin ska med ankan in i ugnen på 175° i 1–1 1/2 timme. Stick med en kniv i låret, om vätskan som rinner ut är klar, är också ankan klar. Ställ fågeln på ett fat på spisen och täck löst med aluminiumfolie. Vispa ur pannan med 1 dl vatten och använd till såsen

Receptet fortsätter på nästa uppslag!

LA FERME
LEXANDRE
VOUS PROPOSE SON
FoieGras
FABRICATION MAISON
94.477275

APELSINSÅS

2 msk socker
1/2 dl vinäger
1 dl portvin
1 dl pressad apelsinjuice
5 dl buljong från ugnsstekning och eventuellt hönsbuljong
smör
salt
peppar
20 apelsinfiléer

Smält socker i en kastrull tills det är gyllenbrunt.
Slå på vinäger, portvin och apelsinjuice, koka upp och reducera till hälften.
Slå på buljong från ankan + vanlig hönsbuljong om det inte räcker.
Låt sjuda ytterligare 10–15 minuter, vispa i några matskedar smör och smaka av med salt och peppar.
Vänd i apelsinfiléer före servering.

Att filea en apelsin
1. Skär av apelsinen i ändarna så att den står stadigt, skär sedan uppifrån och ner precis innanför det vita på skalet så att du får rent apelsinkött.
2. Skär sedan mot mitten av frukten innanför skinnet på varje klyfta. Man ser ganska tydliga streck som avdelar klyftorna, och man skär tätt intill dessa på båda sidor. Om man tycker det är för svårt hoppar man över steg 2. Efter steg 1 skivar man istället apelsinen, det går bra det också.

RÖSTI

1/2 kg potatis, skalad
1 gul lök, hackad
salt
peppar
olja
smör

Grovriv potatisen i en bunke och blanda med lök, smaka av med salt och peppar. Hetta upp olja och smör i en stekpanna och lägg i potatis- och lökblandningen. Packa ordentligt med en stekspade och stek på medelvärme tills den är gyllenbrun på undersidan.
Vänd röstin med hjälp av en tallrik och stek även den andra sidan gyllenbrun.
Sätt in i ugnen på 175° i 10–15 minuter och ta sedan ut och servera direkt.

SALLAD PÅ ANKBRÖST

2 ankbröst
4 portioner blandsallad
1 knippe vårlök, skivad
250 g haricots verts, blancherade
olivolja
1 citron
salt
peppar
1 dl sultanrussin
apelsinfiléer, se sid. 33

Det viktiga när man steker ankbröst är att inte steka dem för länge, då blir de torra och tråkiga. Denna regel gäller för övrigt allt kött och all fågel och fisk.
Trimma ankbrösten, gör ett rutmönster på skinnsidan med en vass kniv. Stek på medelvärme med skinnsidan nedåt, vänd efter några minuter när skinnsidan fått färg och stek den andra sidan några minuter.
Lägg åt sidan och låt vila 5 minuter. Ankbrösten ska vara rosa inuti.

Lägg salladsblad, vårlök och haricots verts i en bunke, slå på olivolja och pressa en halv citron över. Salta och peppra lätt, blanda samman. Häll upp på ett stort serveringsfat eller fyra tallrikar. Skiva ankbrösten och arrangera på salladen. Toppa med sultanrussin och apelsinfiléer. Ringla lite olivolja och pressa lite citron över och servera.

ANKCARPACCIO MED KÖRSBÄRSDRESSING

2 ankbröst
2 msk olivolja
2 msk pressad citron
1 knippe salladslök, skivad
1 kruka körvel, plockad
30 körsbär, urkärnade
salt
peppar

Stek ankbrösten som i förra receptet.
Låt kallna. Skiva ankbrösten så tunt det går och lägg upp på ett stort serveringsfat eller individuella tallrikar.
Ringla över olja och citronsaft och strö över lök, körvel och körsbär, krydda med salt och peppar.

VINBÅL À LA FAYANCE

En perfekt drink i solstolen på bryggan i skuggan av en parasoll, med ett metspö i ena handen och en fet cigarr i den andra. Möjligheterna är oändliga, mingeldrink, vernissagesaft, välkomstdrink och buffébål.

rosévin
apelsin, skivad
äpple, skivat
kanelstång
myntablad
fruktsoda

Fyll en tillbringare med 2/3 rosévin, lägg i apelsinskivor, äppelskivor, kanelstång och myntablad.
Rör om och låt stå i kyl 15–30 minuter.
Fyll på med is och toppa med kall fruktsoda.

VITLÖKSGRATINERADE BLÅMUSSLOR

1 kasse blåmusslor
aioli, se sid. 29

Koka blåmusslorna lätt, låt svalna. Ta bort den skalhalva som inte musslan sitter i. De musslor som lossnat lägger ni tillbaka i en skalhalva. Klicka lite aioli på varje mussla.

Lägg på en plåt och gratinera i ugnen under grillen eller på 250° någon minut eller tills aiolin fått färg.
Servera som en av flera små förrätter eller som en aptitretare.

UGNSROSTADE SMÅ KRONÄRTSKOCKOR

En morgon när jag gick bland grönsaksstånden på torget i Fayance fick jag syn på de här vackra tistlarna, eller små späda kronärtskockorna. Det ska erkännas att min kunskap och erfarenhet om denna grönsak är begränsad, jag har kokat den några gånger, mer är det inte. Många i min generation är nog skrämda av myten om den håriga eller närmast luddiga delen som kunde fastna i halsen och man kunde kvävas. Ungefär som grävlingen som biter sig fast i benet och aldrig släpper taget. Detta stämmer naturligtvis inte, har jag på senare år lärt mig. Jag handlade ett tiotal och tänkte att det här får Johan hitta på någonting med.

10 späda färska kronärtskockor med stjälk, rensade och halverade
3 färska vitlökar, skurna i kvartar
1 dl olivolja
salt
svartpeppar
citron

Börja med att koka upp saltat vatten och koka kronärtskockorna 5 minuter, häll av vattnet och låt rinna av ordentligt.
Blanda kronärtskockor med vitlök, olja, salt och peppar i en ugnssäker form/plåt. Sätt in i ugn på 220° 30–40 minuter eller tills de blivit krispiga och klara.
Ta ut och servera skockorna hela med citron eller som tillbehör.

KYCKLING FRÅN SANLÚCAR DE BARRAMEDA

En rätt som jag lärde mig i den lilla staden Sanlúcar de Barrameda på den spanska atlantkusten. Vi bodde hemma hos Pacos pensionerade föräldrar Luisa och Cristobal. En kväll hade jag köpt med mig en färdiggrillad kyckling hem till kvällsmat, en kyckling som salufördes från ett hål i väggen på torget några kvarter bort och som retat min aptit varje gång jag gått förbi. Den var inte dum alls, till skillnad från de fjäderfän som säljs färdiggrillade i våra svenska livsmedelsaffärer, indränkta i något slags marinad som förtar kycklingsmaken. När Luisa fick se kycklingen himlade hon med ögonen, gjorde ett halvt korstecken, skakade på huvudet och sa att imorgon är det jag som lär dig att laga en äkta andalusisk kyckling. Vilket hon också gjorde. Dagen efter följde jag henne till den gemensamma lagerlokal där kvarterets invånare förvarade sin manzanilla i stora trätunnor. Hon tappade upp en liter i en kanna och så gick vi hem och lagade mat.
I Fayance tog vi pärlhöna som vi hittade på Bondens marknad bara för att den såg så vacker ut.

1 färsk kyckling (eller pärlhöna)
olivolja
salt
peppar
4–6 vitlöksklyftor
ett stort knippe persilja
1–2 dl manzanilla (torr sherry från Sanlúcar), systemet har bl.a. La Guita

Stycka en kyckling och bryn bitarna i olivolja i en stor panna eller gryta. Salta och peppra. Häll på 4–6 hackade vitlöksklyftor och ett knippe hackad persilja, rör om och akta så inte vitlöken bränns vid. Slå på 1–2 dl torr sherry, helst manzanilla från Sanlúcar de Barrameda. Låt småputtra på svag värme under lock ca 20 minuter, servera med bröd. Jag brukar göra klyftpotatis till mina barn. Men i Andalusien äter man bara bröd till, och dricker manzanilla i små glas.
När jag tänker efter skulle man väl kunna byta ut kycklingen mot i princip vilken fågel som helst, vaktel, duva eller fasan.
Man bryner vaktlarna och låter dem sjuda i sherryn, vitlöken och persiljan, måste provas.

PLURAS TONFISKSALLAD MED SALSA VERDE, GRÖN SÅS

Att göra en salsa verde är att prova sig fram, det är ganska meningslöst att ange mängder och mått av det gröna. Man kan vara försiktig med övriga ingredienser, förslagsvis 2 vitlöksklyftor, 2–3 sardellfiléer, några matskedar kapris, en matsked fransk senap, saften av en halv till en citron, några deciliter olivolja. Med tiden lär man sig addera och dra ifrån, det är bara att smaka sig fram. Kniper det kan man göra den på bara persilja.

SALSA VERDE

1 bunt persilja
1 bunt basilika
1 bunt mynta
finhackad vitlök
finhackad kapris
finhackade sardeller
vinäger, vilken som
fransk senap
pressad citron
salt och peppar
olivolja

Hacka persilja, basilika och mynta. Hacka sedan vitlök, kapris och sardeller, mängd efter tycke och smak. Blanda allt i en skål, häll i lite vinäger, en klick fransk senap, pressa i en halv citron, salta och peppra och rör ner olivolja till önskad konsistens. Såsen ska bli ganska grov och rustik. Ställ åt sidan.

TILL SALLADEN

4 kokta ägg, mellan lös- och hårdkokta
4 tomater
1 gurka
blandade salladsblad
1 rödlök
oliver

TILL GRILLNINGEN

4 skivor tonfisk à 150 g insmorda med olivolja, salt och peppar
4 kokta potatisar, kalla, skurna i 0,5 mm skivor insmorda med olivolja, salt och peppar
en näve lätt förvällda vaxbönor, gröna bönor, eller bondbönor, insmorda med lite olivolja, och hackad chili, vitlök och sardeller

Gör i ordning ingredienserna till salladen. Dela tomaterna i mindre klyftor, eller kärna ur dem och skär i båtar. Skala och dela äggen i kvartar, skär gurkan diagonalt så ni får lite större skivor, skiva löken och blanda samman allt utom äggen.

Lägg potatisen på grillen och grilla tills den fått snygga grillränder. Grilla tonfisken 1 minut på varje sida, den ska vara i princip rå i mitten. Lägg bönorna på grillen och låt dem gå någon minut.

Stänk olivolja och pressa lite citron över salladen, salta, peppra och blanda om. Fördela på fyra tallrikar. Dela tonfisken i mindre bitar med händerna, montera den på tallrikarna tillsammans med ägg, potatis och oliver. Det ska bli som en vacker målning. Klicka salsa verden över.

Man behöver inte följa receptet till punkt och pricka. Man kan använda scampi istället, eller bläckfisk, kokt rimmad torsk blir utmärkt, likaså grönsakerna, ta det ni gillar eller har hemma.

GRILLAD PRIMÖRSPARRIS

Sparris är en delikatess som är både lätt- och snabblagad. Den kan med fördel ätas som förrätt eller som tillbehör till både kött och fisk. Den nedre delen av sparrisen kan vara lite träig, böj den delen så att sparrisen knäcks och går av där.

2 knippen grön primörsparris
2–3 msk olivolja
salt
peppar
1 citron
1 bit comté-ost, hyvlad

Naturligtvis kan man ta den lagrade ost man vill, men comté är inte dumt.

Vänd sparris i olja och grilla den, krydda med salt och peppar.
Lägg upp på fat och ringla över olja som blev över samt pressa över citron och lägg på den hyvlade osten.

SALLAD MED LUFTTORKAD SKINKA

En väldigt god sallad som jag brukar servera som förrätt. Gör den på ett stort fat så kan alla ta själva. Brytningen mellan den söta frukten, mozzarellan och den salta skinkan är fantastisk. Det kan ibland vara svårt att hitta bra persikor. Ta då någon annan frukt som är mogen och saftig, plommon, mango eller bara körsbär. Kläm frukten mellan fingrarna så att den krossas lätt innan ni lägger den i salladen.

4 portioner blandsallad: rucola-, roman-, krus- m.fl.
2–3 tomater, klyftade
3 mogna persikor, urkärnade, klyftade
2 dl urkärnade körsbär
12 skivor lufttorkad skinka
2 buffelmozzarella
olja
citron
svartpeppar
flingsalt

Grunda ett stort fat med sallad.
Arrangera tomater, persikor och körsbär ovanpå.
Riv skinkan och mozzarellan, inte för fint, med fingrarna och placera på salladen. Ringla över olivolja och pressa citron över. Krydda med svartpeppar och lite flingsalt.

KUNGLIG LINSSOPPA

God är bara förnamnet på denna soppa, som också har den fördelen att den inte kostar många kronor att göra. En soppa så förträfflig att jag skulle kunna bära den till bords vid en kunglig middag, utan att skämmas det minsta. Jag använder puylinser och tycker att de är bäst, men det är ju inget tvång, men som sagt, gör som jag, det blir bäst.

4 dl linser
2 msk olivolja
1 gul lök, hackad
2 vitlöksklyftor, hackade
2 morötter, fint tärnade
2 tomater, hackade
färsk eller torkad timjan
2 lagerblad
några nävar hackad persilja
1 citron
salt
vitpeppar
1 liter kycklingbuljong eller grönsaksbuljong, enbart vatten går också bra

Om ni använder buljongtärning, späd med mer vatten än vad som anges på förpackningen. Alla buljongpreparat som säljs i våra livsmedelsaffärer blir på tok för starka om man följer tillverkarens anvisningar.
Börja med att skölja linserna. Värm upp oljan i en tjockbottnad kastrull eller gryta och stek löken tills den mjuknar. Tillsätt sedan vitlök, morötter, tomater och övriga ingredienser och låt även dem svettas i olivoljan någon minut under omrörning. Tillsätt kycklingbuljongen, smaka av med salt och peppar, tänk på att buljongen är salt. Låt koka 15–20 minuter, linserna ska helst inte koka sönder. Ta sedan upp 1/3 av linserna och lägg åt sidan. Häll den hackade persiljan i kastrullen och mixa sedan samman soppan med en mixerstav till önskad konsistens. Häll sedan tillbaka de linser ni tidigare lagt åt sidan, pressa i saften av en citron och värm soppan försiktigt.
Vid serveringen kan man toppa med valfria tillbehör, några skalade räkor, knaperstekta bacontärningar, tärnad tomat, ja möjligheterna är som så många gånger inom matlagningen oändliga.

BŒUF BOURGUIGNON

Fransk husmanskost. Med åren har jag lärt mig att inte göra för komplicerade rätter när jag har gäster. Det är bättre att göra till exempel en gryta som man kan ha klar när gästerna kommer, så man slipper stå och svettas och oroa sig för hur allt ska gå eller smaka. Gör en förrätt, kanske en ceviche eller en carpaccio som också är i princip klar, man lägger bara sista touchen på den innan den serveras. Enklast efteråt är ostar med någon frukt eller marmelad, som man antingen köpt eller gjort själv.

2 kg märgpipa/högrev i 3 cm kuber
3 tjocka skivor rökt sidfläsk, skurna i stavar
svålen från fläsket
timjan
3 vitlöksklyftor, hackade
2 morötter i grova stavar
4 msk tomatpuré
1 burk tomater
rött vin
10–15 schalottenlökar
10–15 champinjoner
persilja

Bryn köttet och häll över i en gryta tillsammans med färsk eller torkad timjan och den rökta fläsksvålen, tillsätt vitlök och morötterna, rör om någon minut. Tillsätt tomatpuré och rör om igen så att också den bryns, häll i tomaterna, deglacera stekpannan där köttet brynts med ett glas rött vin och häll i grytan.

Häll på mera rött vin tills det står lite under köttet och låt sedan grytan sjuda under lock ca 2 timmar. Det går inte att säga någon exakt tid, allt beror på köttets kvalitet eller egenskaper, man får känna efter, det ska vara mjukt och nästan falla isär, det är en sak man lär sig med åren.

Stek schalottenlöken sakta i en stekpanna under tiden som grytan kokar. När den fått fin färg, tillsätt en skvätt vatten så att vätskan nästan kokar bort, det tar ca 10 minuter, den ska vara lite al dente. Ställ åt sidan. Bryn det rökta sidfläsket, ställ åt sidan och gör likadant med champinjonerna.

När köttet känns klart, tillsätt sidfläsket, champinjonerna och schalottenlöken. Stäng av plattan eller lågan under grytan och låt den stå 5–10 minuter. Har man elplatta ställer man grytan åt sidan så den inte fortsätter koka. Lägg upp på tallrikar och strö hackad persilja över. Servera helst med kokt potatis. Barn och tonåringar har oftast inte förstått värdet av en kokt potatis utan föredrar hasselbackspotatis, tagliatelle eller ris. En sallad till är aldrig fel. Jag vet att många, av hävd, använder någon typ av kalv- eller oxfond när de gör den här rätten. Det gör inte jag, fonden förtar smaken av alla ingredienser. En fond är ju i princip ett benkok, och kokar man ben tillräckligt länge får man lim. Jag vill inte ha lim till middag. Snälla alla restauranger, speciellt ni som inte kokar egna fonder, häll ut fonden i avloppet där den hör hemma.

PRESSE
BAR RESTAURANT

LAMMLÄGG ELLER LAMMSTEK À LA FAYANCE MED POTATISGRATÄNG

Jag följde mitt hjärta till New York och kom att tillbringa större delen av ett år där i början av 2000-talet. Och förutom kärlek fylldes den tiden av mat. Kärlek och mat är ju ett troget par, så mycket tid ägnades åt att äta på restauranger och att handla mat. New York är en smältdegel av olika matkulturer, och utbudet är enormt. Bara i det kvarter jag bodde, hörnet av 9:e och 47:e gatan, fanns inom en radie av 300 meter fyra högklassiga bagerier av den kaliber som inte fanns i Stockholm på den tiden, nu har vi fått Petit France på Kungsholmen som är i den ligan. Inom samma område fanns också tre fiskaffärer, flera grönsaksmarknader, tre slaktare, två ostaffärer, varav en saluförde svensk prästost, ett antal vinhandlare och cirka fem dygnet-runt-öppna ”dellin”, så man behövde aldrig gå hungrig på New Yorks gator.

På den tiden såg man aldrig lammlägg i affärerna i Sverige. Jag handlade och lagade till denna välsmakande styckdetalj för första gången i London, i slutet av 1990-talet när jag hälsade på min dotter som studerade där. I London kostade de runt 15 kronor styck, nu hittade jag dem några år senare i New York för ungefär samma kostnad. Hemkommen till Stockholm frågade jag en dag på Söderhallen varför de inte sålde lammlägg. Jag berättade också att i London och New York såldes de för 15 kronor styck. Svaret blev tror du vi är dumma i huvudet, syftandes på att de hellre sålde det som lammstek för 125 kronor per kilo. Nu finns lammlägg att köpa, du får ungefär två för en hundralapp.

Fortsätter på nästa uppslag

Épaule
Restaurant

LAMMLÄGG ELLER LAMMSTEK À LA FAYANCE

2 kg, 4 stycken lägg, alt. urbenade stekar
olivolja
3 vitlöksklyftor, krossade
3 stjälkar selleri, grovhuggna
1 gul lök, grovtärnad
1 morot, skivad
5 dl vatten
5 dl vitt vin
1 burk hela tomater
salt
peppar
4 msk flytande honung

Bind upp lägg, alternativt stekar, och bryn dem ordentligt i olivolja.
Tillsätt grönsakerna mot slutet så de får bryna med lite.
Slå på vatten, vin och tomater.
Koka upp och låt sedan sjuda 1–2 timmar, tills köttet börjar släppa från benet.
Lyft ur köttet och reducera ner vätskan till två tredjedelar, smaka av med salt och peppar.
Slå vätskan i en ugnssäker form och lägg i köttet, utan bindgarn.
Pensla köttet med honung och sätt in i ugn på 175° i 20 minuter, pensla med lite mer honung.
Ta ut och servera med potatisgratäng och stekskyn.
Går att förbereda.

POTATISGRATÄNG

1 kg potatis, skalad och skivad
2 vitlöksklyftor, hackade
5 schalottenlökar, skivade
2 dl grädde
2 dl mjölk
3 dl fräst blandsvamp
hackad persilja
100 g parmesanost
salt
vitpeppar
1 msk timjan

Koka potatis, vitlök och schalottenlök på svag värme i grädde och mjölk 5–10 minuter, gräddmjölken ska precis täcka potatisen. Tillsätt svamp, hackad persilja, timjan och riven parmesan och rör om, salta och peppra. Häll allt i en smörad form, riv parmesan över och låt gå i ugnen på 175° en timme. Gratängen är då gyllenbrun.
Ta den svamp ni hittar, antingen i skogen eller i affären. Det behöver inte vara flera sorter, men trattkantareller passar väldigt bra här.

LINGUINE MED SKALDJUR

En skaldjurspasta kan ju innehålla det mesta, å andra sidan kan det också vara tvärt om. Man tar det man kommer över helt enkelt, det här är bara ett förslag och ett tillvägagångssätt. Man kan ha i hela havskräftor eller bitar av hummer, om man har en plånbok som tillåter det, fint tärnad morot eller fänkål och tomat är också alldeles utmärkta ingredienser att ha med. Jag gör aldrig exakt likadant varje gång utan ändrar lite och provar mig fram, vem vet, en dag kanske jag hittar den slutgiltiga versionen av denna rätt, men den dagen hoppas jag är väldigt avlägsen.

4 portioner linguine, nykokt
1 schalottenlök
2 vitlöksklyftor, skivade eller hackade
2 msk olivolja
12 vongole, rensade
12 blåmusslor, rensade
12 räkor alt. scampi
1 kokt bläckfiskarm, skivad, alt. skivad rå calamares
1 dl vitt vin
1 citron
salt
svartpeppar
1–2 dl grovhackad persilja

Koka pastan i saltat vatten.
Hetta upp en panna med olja, fräs lök och vitlök snabbt.
Lägg i vongole, blåmusslor, räkor och bläckfisk, stek 1–2 minuter.
Slå på vitt vin och pressa över citronen, låt koka och smaka av med salt och peppar.
Slå av vattnet från pastan och vänd ner den i pannan med skaldjuren tillsammans med persiljan.

TONFISKTARTAR OCH TONFISKCARPACCIO

Här är två enkla förrätter, förutsatt att man kan få tag på färsk tonfisk av bra kvalitet. Fisk ska alltid ätas så pinfärsk som möjligt, men det säger ju sig självt att det blir extra viktigt om den ska ätas rå. Får man inte tag på tonfisk kan man lika gärna ta lax eller annan färsk fisk. De här två rätterna är också ett bra komplement till julbordets sillinläggningar ifall man har diabetiker som gäster. Man kan göra ett flertal varianter, tonfisk, lax, hälleflundra, torsk osv., och man kan naturligtvis smaksätta med andra ingredienser.

TONFISKTARTAR

300 g färsk tonfisk, hackad
2 msk hackad salladslök eller schalottenlök
2 msk grovhackad kapris
2 msk dijonsenap
2 msk olivolja
salt
peppar
äppelskivor
persilja

Blanda tonfisk med lök, kapris, senap och olivolja, smaka av med salt och peppar. Arrangera tartaren på äppelskivor och toppa med hackad persilja.

TONFISKCARPACCIO

400 g färsk tonfisk, tunt skivad
1 citron
olivolja
2 chilifrukter, hackade
persilja
salt
peppar

Lägg ut den skivade tonfisken på ett serveringsfat.
Pressa citron på och ringla över lite olivolja.
Strö över chili och persilja, krydda med salt och peppar.

VIT BÖNSALLAD MED SIDFLÄSK
VITA BÖNOR MED ÖRTER OCH TOMAT

Vita bönor är inte bara väldigt gott, det är bra och nyttig mat också. Som tillbehör är det gångbart till det mesta. Framför allt kastar det ju ett Medelhavets ljus över måltiden. Hemma hos mig är grekisk mat väldigt populär, både hos vuxna och hos barnen. Jag brukar alltid göra någonting med vita bönor vid dessa grekiska aftnar, som ett av flera tillbehör till grillat kött eller ugnsstekt kyckling med rosmarin. Nu är det ju så att man inte alltid varit förutseende nog att blötlägga bönorna. Då tar man vita bönor på burk, det finns ganska okej sorter som ett slags räddare i nöden.

VITA BÖNOR MED ÖRTER OCH TOMAT

4 dl kokta vita bönor
2 tomater, urkärnade och tärnade
1 hackad chilifrukt (mer eller mindre beroende på vilken styrka man vill ha)
blandat hackat grönt, persilja, basilika, bladselleri, ta vad ni har
olivolja
citron
salt och peppar

Blanda alla ingredienser, smaka av med olivolja, citron, salt och peppar.

VITA BÖNOR

1 paket vita bönor
1 skalad gul lök
3 selleristjälkar i bitar
2 morötter i bitar

Blötlägg bönorna över natten. Koka försiktigt ca 1 timme, sila av spadet.

VIT BÖNSALLAD MED SIDFLÄSK

(som förrätt eller som bufférätt)
Samma grund som ovan
200 g rökt sidfläsk, grovstrimlat
4 portioner blandsallad, rucola, mâche, etc.

Stek fläsket knaprigt och lägg på hushållspapper så att överflödigt fett sugs upp. Grunda med hälften av salladen på ett fat och blanda resterande sallad med bönorna från föregående recept och hälften av det rökta fläsket. Lägg bönorna på salladsfatet och toppa med resten av sidfläsket.

ANKLEVERTERRIN MED INKOKTA SULTANER

Om inte berget kommer till Muhammed får väl Muhammed komma till berget. Med anklever är det lite annorlunda. Om inte anklevern kommer till berget får man sätta sig i bilen och åka nedför berget. I vår jakt på anklever hamnade vi så en dag på Bondens marknad. Äntligen tänkte jag, men icke sa Nicke, ödet skulle återigen gäcka oss. Jag frågade, på engelska, om den var färsk, oui, oui, svarade den vänliga damen mitt emot mig, men jag var inte helt övertygad. Pepe som är fransktalande tillkallades. Jodå, den är färsk, sa Pepe efter det att lite franska glosor slängts fram och tillbaka över disken. Sedan körde vi tillbaka uppför berget med, skulle det visa sig hemma i köket, en bit ankleverterrin.
Det är inte fy skam det heller och Johan fick visa mig hur han gjorde sina inkokta sultaner. Det blir som en marmelad och är, förutom gott till en skiva ankleverterrin, också ett alldeles utomordentligt sällskap till några ostar. Sedan är det ju mycket roligare att servera någonting man gjort själv än att pytsa upp färdigköpt fikonmarmelad ur en tiocentiliters burk, oavsett hur snyggt designad den är.

2 msk råsocker
2 msk vitvinsvinäger
1 dl vitt vin
50 g smör
1/2 lök, hackad
200 g sultanrussin
1/2 tsk salt
4 skivor ankleverterrin
gott bröd

Koka ihop råsocker, vinäger och vitt vin till en sirap.
Tillsätt smör, lök och sultanrussin. Sjud under lock till önskad konsistens, smaka av med salt. Låt svalna och servera rumstempererad till ankleverterrin och en skiva rostat bröd.

PLURAS LAMMGRYTA

En av de första rätter jag började laga. Detta recept och min orangea emaljerade gjutjärnsgryta har följt mig i snart 40 år, avverkat sju bostadsadresser och genomlevt fem förhållanden. Det är väl i stort sett det enda som följt med hela tiden, allt annat är borta. Alla mina barn har vuxit upp med denna lammgryta, alla mina nuvarande och dåvarande bekanta har ätit den, minst två restauranger har haft den på menyn. Den är kort sagt en liten succé, som alla älskar, i själva verket är det ju en bœuf bourguignon gjord på lamm och med oliver.
Den emaljerade 10-litersgrytan är egentligen pensionsfärdig, den är slut i botten men jag vägrar att köpa en ny. Hur många liter köttfärssås har inte puttrat i den, hur mycket rotmos har den inte framställt, oxsvansragu, kalops, får i kål, lamm i dillsås, allt och hela mitt liv har den rymt. Nu är det alltså dags för ännu en lammgryta, det är nästan så den lagar sig själv.

2 kg lammkött med ben (rygg, hals, bog eller bringa)
en bit rökt sidfläsk (skär av svålen och skiva fläsket tjockt, skär i stavar)
svålen från det rökta fläsket
1 gul lök, hackad
4 vitlöksklyftor, hackade
3 msk tomatpuré
2 morötter, skurna i bitar
1 burk hela tomater
timjan (färsk eller torkad)
rödvin
15 smålökar (lägg i varmt vatten en halvtimme så är det lättare att skala)
champinjoner
oliver

Bryn köttet, salta och peppra och lägg i grytan, lägg i svålen från fläsket (tas bort när grytan är klar). Tillsätt den hackade löken och vitlöken och låt bryna lite under omrörning. Häll i tomatpuré och rör om, likaså morötter och tomater, skär sönder dem lite med en kniv när de är i grytan. Krydda med timjan. Slå på vin så att det knappt täcker, koka upp och sänk sedan värmen så att grytan småsjuder ca 2 timmar. När köttet nästan faller isär när man trycker på det är det klart. Under tiden grytan går gör man följande:
Skala smålökarna, skär inte av roten så håller de ihop bättre, och stek sakta i en liten stekpanna. Stek även champinjonerna och det rökta fläsket.
Kärna ur oliverna, tryck till med bredsidan av kniven över oliverna så de spricker, sedan är det lätt att ta bort kärnorna.
När grytan är klar, lägg i lökarna, champinjonerna, fläsket och oliverna och låt stå 5–10 minuter.
Jag hävdar med en dåres envishet att kokt potatis är det bästa ackompanjemanget till alla grytor. Många tycker kanske att det är för enkelt och saknar finess. Detta är fel, en god kokt potatis är högst raffinerad i all sin enkelhet. Men man får ju själv välja som tur är. Servera vad du själv tycker om till lammgrytan.

LINSSALLAD

De mörkt gröna puylinserna förändrade mitt förhållningssätt till linser. Linsgrytorna eller snarare den gröt som serverades på musikfester på 70-talet hade gett mig en ganska avog inställning till denna baljväxt. Någon gång på 90-talet lånade jag Alfred Portales kokbok *Gotham bar & grill* av Mauro Scocco och hittade där ett recept på grillad anklever som serverades med en linssallad gjord på puylinser, och sedan den dagen är jag en ivrig anhängare av linssoppor och linssallader. Prova själva så förstår ni vad jag menar. Linssalladen kan serveras till det mesta.

LINSSALLAD

6 dl puylinser
2 vitlöksklyftor
2 liter kycklingbuljong/grönsaksbuljong
2 morötter, fint tärnade
4 schalottenlökar, hackade

DRESSING

3 msk dijonsenap
1 msk vinäger, helst nöt-
hackad persilja
pressad citron
1/2 dl olja
flingsalt
peppar

Gör en dressing av senap, vinäger, persilja, citron och olja, smaka av med salt och peppar.

Koka upp och låt linserna sjuda i buljongen tillsammans med de hela vitlöksklyftorna tills de är mjuka, men absolut inte för länge, då blir de lätt mosiga. Avbryt gärna kokningen lite före förpackningens rekommenderade koktid, ta upp och provsmaka efter 15 minuter. Häll av överbliven vätska, avlägsna vitlöken och vänd försiktigt ner morot och schalottenlök, smaka av med salt och peppar, slå dressingen över och vänd om.

STEKT SJÖTUNGA MED BRYNT SMÖR, RÖDLÖK & KAPRIS

Ett klassiskt franskt recept, Sole meunière. Sjötungan kan bytas ut mot rödtunga, bergtunga eller rödspätta. Många flår fiskarna innan de tillagas, det tycker jag är synd eftersom det sitter mycket smak i skinnet.

4 sjötungor, portionsstorlek
2 dl mjöl
salt
peppar
smör
50 g brynt smör
1 rödlök, hackad
2 msk kapris
citronklyftor

Panera sjötungorna i mjöl, krydda med salt och peppar och stek dem på medelvärme i rikligt med smör på båda sidorna.
Hetta upp det brynta smöret igen och lägg i lök och kapris i 30 sekunder tillsammans med nymalen svartpeppar.
Lägg upp sjötungorna på tallrikar och slå över lök- och kaprissmöret.
Servera med citronklyftor och kokt potatis.

OSTAR

Är man i Frankrike är det aldrig många meter till en ost, eller tusen ostar. Så i vår jakt på färsk anklever snubblade vi över ett antal varianter, och många inhandlades. En av dessa ostar ska vi aldrig glömma, vi fyra som var där, vi ska bära denna ost med oss som ett minne av Fayance genom resten av livet, speciellt då undertecknad som köpte den. Vi släntrade omkring på marknaden, fotograferade och handlade. Bland de större stånden med grönsaker och de små bussarna med charkuterier upptäckte jag ett litet bord med bara en endaste ost på. "Gårdstillverkad Alp Gruyère" stod det på en handskriven liten skylt, det stod ett pris också noterade jag i ögonvrån, men mest noterade jag den söta unga fransyskan som placerat sig bakom det lilla, lilla bordet. Jag stannade och provsmakade medan de andra försvann bland blomkål, meloner och blombuketter. Mycket bra, vad heter det, tänkte jag och drog till med "tre bon" på något slags bortglömd skolfranska som sitter som flagnad målarfärg på hjärnbarken. 100 kronor per kilo är billigt resonerade jag och var hur flott som helst och tog ett halvt kilo och lämnade fram 5 euro. Den söta unga kvinnan blev inte det minsta imponerad utan upplyste mig om att hon hellre ville ha 50 euro, alltså 500 kronor. Nu hade de andra i sällskapet anslutit sig och bevittnade det hela. But, sa jag och pekade på skylten och insåg i samma stund att någonstans i det som skett hade min hjärna kopplat över från förnuft till känsla och jag hade sett vad jag ville se, nämligen en vacker fransyska och en god ost, man kan gå vilse för mindre. Nu såg jag att det stod 100 euro på skylten, inte 100 kronor. Jag hörde hur de andra skrattade bakom min rygg när jag tog upp plånboken och konstaterade att den var tom. Pepe fick låna mig 50 euro och jag betalade och log och försökte se ut som, 500 spänn för en bit ost, det är väl ingenting, här har du en som har råd. De följande dagarna var fulla av kommentarer och gliringar. "Kan inte du gå och köpa lite ost Plura?", följt av ett trestämmigt asgarv. "Plura, vad god den här gruyèren var, var köpte du den?" Ostar är ett eget universum och en perfekt avslutning på en god middag tillsammans med bröd eller kex, fikonmarmelad eller Inkokta sultanrussin (sid. 62).
Behöll kvittot själv.

3–4 sorters ost
olika korvar/charkuterier
gott surdegsbröd

Sucre vanillé
À l'extrait de vanille

TARTE TATIN MED VANILJSÅS

Är du förrätts- eller efterrättsmänniska? De flesta föredrar faktiskt det ena före det andra om de måste välja. Något som vi i orkestern Eldkvarn ibland har tvingats till. Det står nämligen i våra kontrakt att varm mat ska tillhandahållas orkestern av arrangören efter soundcheck. Oftast är det en bit överstekt fläskfilé, med en undermålig och smaklös potatisgratäng, Torr kycklingfilé verkar vara populärt i vårt avlånga land, liksom "well done" kossa åtföljd av ovan nämnda potatisrätt är en annan besvikelse som burits till vårt bord under årens lopp. Dessa anrättningar går under samlingsnamnet Varm hög. Ibland händer det att vi bjuds på bättre middagar, och om arrangören är klok och gästfri får vi välja fritt ur menyn, om arrangören är mindre klok och rättvis får vi välja mellan antingen förrätt/varmrätt eller varmrätt/efterrätt. Det är här agnarna skiljs från vetet, förrätts- eller efterrättsmänniska. Jag väljer kategoriskt alltid förrätt, andra har svårare och velar fram och tillbaka, ena dagen si, andra dagen så. När jag har folk hemma på middag blir det oftast ostar som ställs fram som en värdig avslutning efter varmrätten, det är ju bara att ställa fram dem på bordet, inget behöver lagas. Jag har dock några efterrättsfavoriter som jag gör ibland.
Här är några av dessa samt ett par höjdare som Johan visade mig i köket i Provence.

TARTE TATIN

4 msk smör
4 msk råsocker
4 fasta äpplen
2 bitar smördeg
1 ägg

Fördela smör och socker i fyra portionsformar.
Sätt in i ugn på 200° tills smör och socker smält samman och fått färg.
Lägg i äpplen och baka ytterligare 20–30 minuter.
Lägg på rundlar av smördeg och pensla med ägg.
Grädda 5–10 minuter till så degen får fin färg.
Ta ut och låt stå 5–10 minuter innan tarten stjälps upp.

VANILJSÅS

3 dl gräddmjölk
1 vaniljstång, delad
3 äggulor
50 g socker

Koka upp gräddmjölk med vaniljstång, ta av från värmen och låt stå 20 minuter under lock. Vispa äggulor och socker tills sockret löst sig.
Slå i gräddmjölken i skålen med äggsmeten och rör ihop, slå sedan tillbaka i kastrullen.
Värm såsen under konstant omrörning till önskad tjocklek. Sila av genom en finmaskig sil och kyl ner före servering.

CRÈME BRÛLÉE/CITRON

Jag minns från min ungdom att mamma ibland brukade göra brylépudding som serverades efter företrädesvis söndagens middagar. Hon slog smeten i en rund klassisk sockerkaksform, gräddade den i ugnen och sedan stjälptes den dallrande upp på ett fat och ställdes på bordet, badandes i smält socker, vajandes så fort någon stötte till bordet. Om rätt ska vara rätt så var det ju för övrigt en crème caramel som hon serverade, men på svenska blev det brylépudding. Jag hade först lite svårt för denna skapelse, jag förknippade den med brylkräm av någon anledning och fick inte riktigt ihop det hela. Detta kom sig säkert av ett av Elvis Presleys många tillmälen på den tiden, den dallrande brylépuddingen. Varje gång denna rätt sattes på bordet efter en söndagsmiddag tänkte jag på Elvis vajande brylkrämskalufs. Efter att jag flyttat hemifrån åt jag aldrig denna skapelse, inte förrän den började dyka upp i Sverige serverad i portionsformar med ett knäckigt täcke under namnet crème brûlée, detta måste ha varit i slutet av 1980-talet. Den blev då en stor favorit och är det fortfarande.

5 ägg
3/4 dl strösocker
3 dl grädde
2 dl mjölk
2 citroner, pressade
1 vaniljstång, delad
råsocker till servering

Vispa ägg och socker poröst.
Koka upp grädde och mjölk med citron.
Rör ner gräddmjölken i äggsmeten, lite i taget.
Skrapa ur vaniljstången och blanda i.
Häll smeten genom en sil och portionera upp i 4 portionsformar.
Ställ formarna i en långpanna med ljummet vatten.
Grädda i nedre delen av ugnen, 25–30 minuter i 175° värme, tills smeten börjar stanna.
Jag gillar när den är ganska lös.

Före servering, strö råsocker över brûléen och bränn av med en gasbrännare eller ställ under grillen tills ett knäckigt täcke bildas.

Tips
Koka bitar av rabarber med lite socker i en skvätt vatten tills rabarbern mjuknar något, lägg lite i botten av portionsformarna innan äggsmeten slås på, eller gör samma sak med jordgubbar.

CHOKLADFONDANT

Det här är ju så vansinnigt gott som avslutning på en god middag, och inte alls svårt att göra. Grädda inte för länge bara, chokladen ska rinna ut på tallriken när man sätter skeden i bakverket. Serveras med fördel med färska bär. Själv älskar jag vispgrädde till.

125 g mörk choklad
100 g osaltat smör
3 ägg
2 äggulor
1/2 dl socker
2 msk kakao
25 g vetemjöl

Smält choklad och smör.
Vispa ägg, äggulor och socker.
Rör ner chokladsmöret i äggsmeten.
Sikta kakaon och vänd ner den tillsammans med vetemjölet.
Smöra och mjöla portionsformar ordentligt.
Häll upp smeten i formarna och grädda på ca 190° tills ytan på fondanterna precis torkat.

TARTE FAYANCE

En oerhört lätt sak att framställa. En eftermiddag när vi stod i köket i Fayance hade vi både jordgubbar och smördeg över, så jag bad Johan hitta på någonting med dessa ingredienser, det vore ju synd att slänga dem. Gör det själv, sa han. Hur då? frågade jag. Sedan guidade han mig igenom detta recept. Förslagsvis serverar man detta med en kopp kaffe efter middagen.

smördeg, 4 trekanter, 15 x 15 x 15 cm
1 ägg, vispat
1 liter klyftade jordgubbar
2 msk florsocker
1 sats vaniljsås, se recept sid. 73

Lägg smördegen på en plåt med bakplåtspapper.
Pensla med ägg och lägg jordgubbar i mitten av smördegen, pudra florsocker ovanpå.
Grädda i ugn på 200° 5–8 minuter.
Ta ut och servera med vaniljsås.

MOZZARELLAJORDGUBBAR

Mozzarella och jordgubbar? Jo då, alldeles förträffligt. En efterrätt som får dina gäster att gapa stort.

1 liter jordgubbar, halverade
3 mozzarellaostar, brutna i mindre bitar
3 salladslökar, skivade
balsamvinäger
olivolja
svartpeppar

Blanda jordgubbar, mozzarella och lök i en skål. Ringla över vinäger och olja, krydda med svartpeppar.

OLIVTALLRIK

Som avslutning på recepten från Fayance kommer här ett tips från Johan.

oliver från Nice
gröna oliver
olivolja
salt och peppar
surdegsbröd
rädisor

Stjälp upp på en tallrik och servera med en stor fet konjak.
Goooo wild!

KUNGSHOLMEN

EN SKÅL FÖR DEN AVSOMNADE SYSTEM-BOLAGSBUTIKEN PÅ NORRA AGNEGATAN

Så är vi tillbaka på Kungsholmen, där jag bott sammanlagt 16 år av mitt liv, plus de fyra åren på Rörstrandsgatan på andra sidan S:t Eriksbron, det är ju nästan Kungsholmen, ett stenkast om man inte är så nogräknad. Jag har bott på den hårt trafikerade Fleminggatan, på Kronobergsgatan mitt emot den lilla judiska kyrkogården i Kronobergsparken och nu alltså i den gamla mjölkaffären på Parkgatan vid foten av Kronoberget. Här har jag äntligen fått det stora kök jag alltid velat ha, med en stor gasspis och ett stort gammalt slagbord från Hälsingland med plats för stora som små middagar. Kungsholmen har alltså blivit en stor del av mitt liv, och jag har sett det utvecklas under åren. Mauro Scocco, min vän och vapendragare, har flyttat härifrån, med honom har jag besökt alla Kungsholmskrogar och druckit vid de flesta bardiskar, så med honom delar jag dessa minnen. Affärer och restauranger har kommit och gått, det har blivit svårare att hitta en parkeringsplats men lättare att köpa bra bröd, t.ex. på Petit France på John Ericssons gata, gamla restaurang Salzer, där man nu kan handla fantastiska franska bröd och bakverk. På Fabrique på Scheelegatan har man också bra bröd och på Arbetargatan har Rosendals trädgårdar börjat sälja sitt stenugnsbakade bröd. Jag och Mauro var väl de första stamgästerna på Roppongi, när det bara var ett hål i väggen, två bord och en liten bardisk, där satt vi och fick lektioner i sushiätandets konst av ägaren Tami. Sedan har Roppongi växt under åren och många middagar med familj och vänner har intagits där. Liksom på Mäster Anders längre ner på Hantverkargatan, lite bistrostil, det är dit man går för att äta entrecôte med pommes frites och bearnaisesås.

På samma gata ligger Bergamott, en franskinspirerad restaurang med fransk personal. Kocken Gaetan serverar oftast autentiska franska lite ovanliga rätter som exempelvis grillat ankhjärta och lammhjärta, allt under det att han ivrigt diskuterar maträtterna medan man äter dem, eller hur man på bästa sätt kokar en bläckfisk eller tillreder musslor, sist jag var där fick jag med mig en påse vongolemusslor i en påse, samt tips om hur jag bäst skulle tillreda dem. Mitt emot Bergamott, på andra sidan gatan, ligger baren Olé Olé, om man längtar till Spanien går man dit och äter tapas och dricker Cruz Campo, det andalusiska ölet. Längre ner på Hantverkargatan ligger Taylor and Jones, här handlar man egentillverkade korvar, black pudding, engelska ostar, bacon, lamm, fläskkotletter med 1 cm svål, fantastiskt nötkött och marmelader och sylt.

Restauranger som inte längre finns, men som man minns med välbehag. Bon Lloc i hörnet Pilgatan/Bergsgatan. Mathias Dahlgren hade vunnit guldmedaljen i Bocuse d'Or och öppnade sin första egna restaurang på Kungsholmen. Paellan är minnesvärd. Mauro och jag var där ofta. Sedan måste jag nämna Salzers igen och den intilliggande baren, Propellern. När propellern utanför baren snurrade var baren öppen. Under de år som Lasse drev restaurangen och baren var den nästan som ett hem. Lasse ordnade allt, ville vi äta en klassisk vildandmeny, med kräftor, vildand och rabarberpaj,

så ordnade han det. Det var gåskvällar i november, Normandiekvällar med gästspel, fransk cider, calvados och hela millevitten. Hummerpastan på ordinarie menyn måste också nämnas i detta sammanhang, den var lysande. Jag hjälpte till med disken ibland, och många kvällar minns jag inte hur

jag kom hem. Min bror Carl bet sönder en tand på ett hagel en kväll med vildand, han beklagade sig i ett halvår men han sa aldrig något till Lasse. Sådan är han min bror, långsint och snäll. Åren när Lasse drev Salzers kommer alltid att sitta fastnaglade i mitt och många andras hjärta.

»Jag hjälpte till med disken ibland och många kvällar minns jag inte hur jag kom hem.«

En annan krog som startade på Kungsholmen var East, den låg i källaren på S:t Erikstterrassen, ett kul ställe med mycket musik, jag tror Mauro hängde där mer än jag.

Ja, det har blivit så, Kungsholmen är mitt hem på jorden och jag rör mig oftast inte utanför denna ö när jag är hemma i Stockholm. Här finns det mesta, vill jag ha förstklassiga ostar, franska och spanska charkuterier går jag till Vinjas på Bergsgatan, på samma gata tar jag en cappuccino på Il Caffè, dit brukar jag förlägga lejonparten av de intervjuer jag gör, så ibland kan det bli både för- och eftermiddag där, helst då ett bord på trottoaren så att jag kan röka under det att jag uttalar mig om det som jag ibland har en aning om, ibland inte. På S:t Eriksgatan ligger Daglivs, där kan jag köpa hängmörat kött och färsk fisk, bagerierna har jag nämnt, Systembolagets butiker har flyttat runt som osaliga andar under åren, numera finns det två, en på Fleminggatan och en på Kungsholmstorg. Jag saknar butiken på Norra Agnegatan, har för mig att de hade sämst försäljning av alla Stockholms systembutiker, vilket hade den stora fördelen att ingenting tog slut där. Man kunde alltid hitta några flaskor av det som för tillfället var hippt och rekommenderades av tidningarnas vinskribenter. Så skål för den avsomnade butiken på Norra Agnegatan.

HÅRMÄSTER
ELEVEN
30

LAMM I DILLSÅS

Här är en av mina absoluta favoriträtter i det svenska köket. Återigen blandningen mellan sött och surt, samma som i bruna bönor och alla våra sillinläggningar. Var noga med att köttet blir väl kokt. Alltför många gånger när jag ätit denna rätt borde den ha presenterats som Stenhårda små köttbitar i dillsås, något som ingen människa blir glad av. Köttet ska nästan falla isär, eller släppa från benet, då är det klart. Man måste lägga ner lite tid och vara noga om mat ska bli gott, det finns inga genvägar. Denna rätt kan även göras med kalv, men jag föredrar lamm som har mer smak.

LAMM

2 kg lammbringa, alt. bog eller rygg
1 purjolök
2 morötter
6 vitpepparkorn
dillstjälkar
salt

Dela köttet i 3 cm stora bitar. Koka upp köttet i saltat vatten, så kallad blanchering, och skölj sedan av i kallt vatten, detta för att få bort koagulerade ämnen. Lägg tillbaka köttet i grytan och slå på så mycket vatten att det knappt täcker. Tillsätt ungefär 3/4 msk salt per liter vatten. Skär purjolöken i 2 cm stora bitar, gör likadant med morötterna och lägg i grytan. Tillsätt vitpepparkorn och stjälkarna från dillen som ska användas till såsen. Låt koka under lock tills köttet är mört, eller nästan släpper från benet, ca 1 1/2 timme, börja kontrollera efter 1 timmes kokning, det är noga med matlagning.

DILLSÅS

6 dl av buljongen från lammkoket
1 msk smör
2 msk mjöl
2 msk ättika
2 msk socker
hackad dill
1 äggula
1/2 dl grädde
salt
peppar

Sila av 6 dl av lammbuljongen, låt lammkött och grönsaker ligga kvar i den buljong som finns i grytan som ställs åt sidan på spisen. Smält smöret i en kastrull, tillsätt mjölet och vispa samtidigt så att mjölet blandas med smöret. Det får inte bli brunt eller bränt. Tillsätt sedan buljongen lite i taget under vispning. Ni har nu gjort en ljus grundsås. Låt sjuda 5 minuter. Under tiden kokar man samman ättikan med lite socker, sockret ska lösa sig. Smaksätt såsen med denna blandning, häll inte i allt på en gång, utan lite i taget och smaka av tills ni fått den perfekta balansen. Tillsätt hackad dill och äggulan utrörd i grädden. Plocka sedan över lammköttet och grönsakerna i såskastrullen, låt stå på svag värme 5 minuter så allt blir varmt. Servera med kokt potatis.

SKÅNSK KALOPS

Den svenska varianten av bœuf bourguignon. Sagolikt gott om den görs rätt, vilket ofta inte är fallet. Serveras då och då som dagens rätt runt om i vårt avlånga land, både på lunch-restauranger inne i städerna och på krogarna längs våra vägar. Nästan alltid blir man besviken, istället för möra, generösa, välkokta bitar av kött får man gummiliknande små kulor som liksom halkar omkring inne i munnen. Felet är att man låtit köttet koka för kort tid, eller också är köttet av sekunda kvalitet. Så här gör ni en lysande kalops.

SKÅNSK KALOPS

2 kg högrev eller märgpipa
2 morötter
4 gula lökar
salt
vitpeppar från kvarn eller mortel
15 kryddpepparkorn
2 lagerblad
2 msk vetemjöl
smör
ca 5 dl vatten
3 ansjovisfiléer

Skär köttet i 3 cm stora bitar, salta och peppra med kvarnen. Skala och skiva morötterna. Lökarna skalas och skärs i klyftor.
Bryn sedan köttet och grönsakerna i en stor gryta eller tjockbottnad kastrull, lägg i kryddpepparkorn och lagerblad. Pudra över vetemjölet och rör om någon minut, tillsätt vatten så att det knappt täcker köttet.
Koka upp och låt gå på svag värme runt 2 timmar tills köttet nästan faller isär.
Man får passa köttet lite mot slutet om man vill ha det perfekt. Tillsätt ansjovisfiléerna och rör om försiktigt. Smaka av, kanske behövs mer salt och peppar. Servera med kokt potatis och inlagda rödbetor.

INLAGDA RÖDBETOR

Gör er det besväret att lägga in rödbetor, det är hur lätt som helst och när ni smakat dem vill ni aldrig ha någonting annat.

1 kg rödbetor
5 dl vatten
1 1/2 dl ättika
1 1/2 dl socker
10 kryddnejlikor
en liten bit pepparrot

Skölj rödbetorna och koka dem med rotspetsen kvar tills de blir mjuka, det tar en dryg timme ungefär. Spola dem i kallt vatten och dra av skalet med fingrarna. Lägg rödbetorna i en glasburk. Koka upp lagen och slå den över rödbetorna, lägg ner kryddnejlikorna och en liten bit skalad pepparrot, inte för mycket, men en centimeterskub blir bra. Sätt på lock, låt svalna och förvara sedan i kylskåpet. Kan ätas redan nästa dag och står sig i evigheter.

PANNBIFF MED LÖK

Pannbiff med lök låter inte mycket för världen, men varje gång jag tillagar det slås jag av hur in i helvete gott det är. Det är dessutom nästan gratis att handla ingredienserna. Ägg, mjölk, lök, soja och ströbröd har man som regel hemma, så för knappt 30 kronor kan man utfodra fyra personer, det är väl bara spenatsoppa som är billigare. Problemet är att det är så gott att man äter för mycket. Jag gör därför alltid dubbel sats, av de biffar som blir över gör man en pannbiffmacka med stekt ägg till lunch följande dag.

1/2 kg nötfärs
1 ägg
1 dl ströbröd
1 dl mjölk
vatten
salt
peppar
1 gul lök, skalad och skivad
1 rödlök, skalad och skivad
buljongtärning
japansk soja

Lägg färsen i en stor bunke, tillsätt ägg och ströbröd. Salta och peppra. Tillsätt sedan 1 dl mjölk och 1 dl vatten. Blanda samman allting med händerna, det ska bli en förhållandevis lös smet, tillsätt mer vatten om smeten känns torr. Börja nu steka löken, den kan gå på svag värme under tiden du steker pannbiffarna, vänd löken då och då.

Spola händerna i kallt vatten och börja rulla pannbiffarna, forma dem som stora köttbullar och platta sedan till dem, lägg dem på en skärbräda som spolats med kallt vatten, detta förhindrar att de klibbar fast. Hetta upp en stekpanna med smör, stek sedan biffarna tills de får vacker färg på båda sidor, häll i 1 dl vatten i pannan och låt småputtra någon minut. Lyft ur biffarna, och håll dem varma i ugnen på låg värme. Häll i ytterligare 1 dl vatten i stekpannan, smula i lite buljongtärning och några stänk soja, koka ihop något och smaka av med salt och peppar.

Lägg upp biffarna på ett serveringsfat och placera löken över. Servera med kokt potatis, skysåsen och lingonsylt.

STEKT FLÄSK, BRUNA BÖNOR, LÖKSÅS, RÅRAKOR

Fläsk är gott, låt oss slå fast det med en gång. Behandla det med kärlek och omsorg. Köp det aldrig färdigskivat, utan köp en bit och skiva själv, det blir godare och bättre, dessutom får man själv bestämma tjockleken på skivorna, jag rekommenderar lite tjockare, det blir saftigare på det sättet. Här är tre anrättningar med stekt fläsk, tre anrättningar som danade min kropp och själ, inte bara min förresten, det svenska folkhemmet byggdes på dessa rätter.

BRUNA BÖNOR MED FLÄSK

5 dl bruna bönor
600 g rimmat sidfläsk
3 msk ättika
3 msk sirap
vatten
salt
peppar

Blötlägg bönorna över natten, koka dem försiktigt i rikligt med lätt saltat vatten ca 1 1/2 timme tills de är mjuka. Smaka av med ättika och sirap efter tycke och smak, jag gillar det sura så jag tar alltid lite extra ättika. Ta fram pepparkvarnen och ge bönorna en omgång nymald vitpeppar, eventuellt lite salt också. Bönorna kan också redas med lite potatismjöl utrört i vatten. Skär fläsket i rätt tjocka skivor och stek på medelvärme. Det stekflott som bildas i pannan kan med fördel hällas över bönorna vid servering. Kokt potatis kan ackompanjera denna svenska klassiker, om man är riktigt hungrig. Bruna bönor kan även serveras med korv eller köttbullar.

STEKT FLÄSK MED LÖKSÅS

600 g rimmat sidfläsk
2 gula lökar
smör
1–2 msk vetemjöl
1–2 dl grädde
1–2 dl mjölk
soja
salt
peppar

Skala och skiva löken, stek den i smör tills den börjar få färg, pudra över vetemjölet och bryn hastigt under omrörning, späd med grädde och mjölk, eventuellt kan man också späda med lite vatten eller buljong. Låt såsen koka försiktigt 10–15 minuter, salta och peppra.
Stek fläsket som ovan. Blanda stekflottet som bildas i löksåsen.
Servera fläsk och löksås med potatis.

Min mamma gjorde stora raggmunkar, 20 cm i diameter. Detta kräver en viss vana och yrkesskicklighet, det är lätt att de går sönder när man ska vända dem i stekpannan. Jag håller mig till den mindre sorten, 15 cm ungefär. Raggmunk kan man väl säga är en pannkakssmet med riven potatis i. Här gör vi rårakor, utan mjöl och mjölk, en nyttigare raggmunk med andra ord.

RÅRAKOR MED FLÄSK

10 potatisar
2 ägg
smör
salt
vitpeppar
600 g rimmat stekfläsk

Skala och riv potatisen grovt, blanda i två hela ägg och salt och vitpeppar. Smaka av smeten, kanske behövs mer salt. Värm smöret i en stekpanna, klicka ner smeten och bred ut den till en 15 cm rund plätt. Stek den gyllenbrun på båda sidor.
Stek fläsket som ovan. Lägg upp rårakorna och fläsket på en tallrik med en klick rårörda lingon.

RIMMAD FLÄSKLÄGG MED ROTMOS

Jag hade svårt att bestämma vem som skulle ha huvudrollen i detta folkliga lustspel, eller maträtt om ni föredrar det, de muskulösa fläskläggen eller det mer eteriska rotmoset. Jag valde fläskläggen, men egentligen är det nog rotmoset som är pricken över i:et här. Hur som helst är detta ett välspelat stycke svensk mathistoria, vi åt det ofta i mitt barndomshem. När man kom hem från skolan och steg in i trapphuset på S:t Persgatan kunde man känna doften av rotmos som tillagades två trappor upp. Till fläskläggen och rotmoset serverade mamma även fläskkorv, hemmagjord stark senap gjord på Colmans senapspulver samt en mildare variant till barnen.

2 kg rimmad fläsklägg
1 fläskkorv eller liknande
1 gul lök, skalad
5 kryddnejlikor
5 kryddpepparkorn
5 vitpepparkorn
1 lagerblad

Bouquet garni: Bind ihop några persiljestjälkar, ett lagerblad och lite färsk timjan med ett snöre. Detta steg kan hoppas över, lägg då bara ner ett lagerblad istället.

Koka upp fläskläggen i kallt vatten. Sänk värmen och försök skumma av det som flyter upp till ytan. Tryck in kryddnejlikorna i den gula löken och lägg ner den i grytan, tillsätt övriga pepparkorn och en bouquet garni. Koka på svag värme 2–3 timmar. När köttet släpper från benet är det klart. Under tiden har ni kokat fläskkorven i en kastrull med lättsaltat vatten. Ta upp korven, skiva den och lägg tillbaka i kastrullen, håll varmt.
Gör rotmoset enligt recept på sidan 183.
Använd spadet från fläskkoket till att späda rotmoset. Servera med senap.

LAMMLEVER OCH LAMMNJURE

Vissa människor har svårt för inälvor, jag tillhör dessbättre inte dem, tvärtom är jag en entusiastisk anhängare av dessa styckdetaljer. Överhuvudtaget tycker jag om det som smakar någonting och helst mycket. Jag minns en gång i början av åttiotalet, vi var på Skopelos i Grekland och påsken stod för dörren.
Två lamm grillades på gårdsplanen framför Livadi bar. Människor satt utspridda och drack vin i väntan på att lammen skulle bli klara. Plötsligt kommer Kleon ut med ett stort djupt fat och bjuder runt, han förklarar att denna rätt var ett kok av hackade lungor, hjärta, lever, njurar med mera, Den kallas "Suparens tilltugg" och kan väl liknas vid en grekisk variant av norrlandspölsa och ser så ut också, mycket gott var det. När lammen sedan skars upp klövs också skallarna, och den som ville kunde ta för sig av hjärnan, en stor läckerhet.
De senaste åren har jag köpt lamm av Göran Samuelsson i Västra Ämtevik vid Frykens strand i Värmland, han brukar slakta 5–6 lamm varje höst, då får jag också lever och njurar, inte bara från mitt lamm utan även de njurar och levrar som folk som köpt de andra lammen ratat. En lammlever kan med fördel helstekas i ugnen. Salta och peppra den, bryn den försiktigt i en panna och låt gå klar i 150° ugnsvärme. Här är ett annat sätt att göra det.

STEKT LAMMLEVER

600 g lammlever i skivor
1 gul lök, skivad
1 vitlöksklyfta, hackad
1 tomat, tunt skivad
1 msk tomatpuré
1 dl vitt vin
1 dl vatten
olivolja
salt
peppar

Hetta upp olivolja i en stekpanna. Salta och peppra leverskivorna och stek 1 minut på varje sida, stek inte för länge, då blir levern bara torr och tråkig. Lyft upp ur pannan och håll varm på spisen. Med detta menas att man lägger levern på ett fat som får stå på spisen eftersom det är den varmaste platsen i rummet, annars kan man ställa den i ugnen på 50°. Lägg ner lök och vitlök i samma panna som du stekt levern i och stek under omrörning. Tillsätt tomatskivorna och låt dem steka med någon minut. Klicka i tomatpurén och rör runt. Häll i vinet och vattnet, låt koka ihop några minuter på svag värme. Smaka av med salt och peppar. Lägg tillbaka levern i pannan och låt den försiktigt bli varm någon minut.
Lägg upp levern på ett serveringsfat, slå såsen över. Servera med råstekt potatis och en sallad.

RÅSTEKT POTATIS

800 g potatis av fast typ
hackad persilja
salt
peppar

Skala och skiva potatisen i 3 mm tjocka skivor. Hetta upp olja och smör i en stor stekpanna, lägg i potatisen och låt den få lite färg på alla sidor, eventuellt får man göra detta i omgångar. Salta och peppra. Låt sedan potatisen gå klar i ugnen på 225° värme. Vänd i hackad persilja och servera.

STEKT LAMMNJURE

800 g lammnjure
1 citron
rött/vitt vin eller vatten
salt
peppar

Klyv njurarna på längden, salta och peppra. Stek sedan någon minut på varje sida så att de får färg, pressa citron över och vänd runt njuren, slå en skvätt vin eller vatten över och koka ihop i 30 sekunder. Servera med råstekt potatis och en sallad.

KÅLPUDDING

Denna historia om kålpudding utspelar sig ett par år efter det senaste sekelskiftet. Han hade rest till New York för att hjälpa den kvinna han älskade över allt annat att städa ur och tömma lägenheten på 57:e gatan. Hon skulle äntligen flytta hem efter sju år i USA och de skulle inte längre behöva pendla över Atlanten för att kunna träffa varandra. Han hade lyckats komma över en tvåa i Björkhagen. Björkhagen lät så romantiskt tyckte hon när han berättade om det på telefon, hon kunde se betande kor och en eka som låg förtöjd vid en gisten brygga. Ja, sa han, jag kan köpa en ko om du vill. Hon ville verkligen ha en ko, svarade hon. Jag lovar, sa han.

De landade på Arlanda vid sjutiden på morgonen, han hämtade bilen och de lastade den full med hennes väskor. På vägen in till stan svängde de av vid Upplands Väsby, hon ville visa honom den plats där hon växte upp, Hammarby kyrka där hon döptes, huset där hon bodde, sjön där de badade, skolan och de små skogsvägarna, dikesrenarna med prästkragar och blåklockor som blommade för all och evig tid.

Så småningom kom de så till lägenheten på Båstadsvägen, eller Lilla Ärtsvängen, som hon föredrog att kalla den, bar upp allt bagage de tre trapporna till lägenheten, installerade sig och gick sedan till Konsum för att handla. Kärleken är nu en gång så beskaffad att den gör människor hungriga, och han föreslog att kålpudding vore en ståtlig rätt att fira hennes hemkomst till Sverige med. Hon tittade kärleksfullt på honom och hade inget att invända. Hon somnade på sängen medan han lagade middagen. Att göra kålpudding tar lite tid och han la ner all den noggrannhet och kärlek som stunden och situationen krävde, detta var ju den första dagen i deras nya liv tillsammans. Efter ett par timmar i köket var kålpuddingen klar och det luktade himmelskt.

Han dukade bordet, ställde fram kålpuddingen som var rejält tilltagen, säkert till åtta personer, och gick sedan för att väcka henne, men i hallen ångrade han sig och gick tillbaka in i köket, satte sig till bords och la upp en portion på tallriken med snabbinlagd gurka och rårörda lingon. Det tårades i ögonen efter första tuggan, han förde åter gaffeln till tallriken, fångade upp en bit kålpudding med lingon och stoppade i munnen, det var så in i helvete gott, tänkte han, jag måste vara jordens lyckligaste människa. När halva kålpuddingen var uppäten reste han sig och gick och väckte henne. Älskling, viskade han försiktigt i hennes öra, maten är klar.

KÅLPUDDING

500 g blandfärs
3 dl kokt ris, kokt i mjölk och vatten
1 gul lök, hackad
2 ägg
2 dl mjölk till färsen
1/2 vitkålshuvud
sirap
buljong eller vatten
salt
peppar

Stek löken långsamt, den ska inte bli hårdstekt utan bara mjukna, låt svalna.
Blanda ris, färs, lök och ägg, späd med mjölk. Det ska bli en ganska lös färs, späd med mer mjölk eller vatten vid behov. Salta och peppra. Dela kålhuvudet i mindre bitar, skär bort rotstocken och förväll några minuter i kokande

saltat vatten. Plocka isär bladen och skär bort de grövre nerverna. Bryn sedan bladen i smör, ringla över sirap mot slutet. Varva sedan bladen och färsen i en smord form, börja och sluta med vitkålen. Slå på lite buljong eller vatten och grädda i 200° ugnsvärme en och en halv timme. Servera med lingon och skysås.

KÅLDOLMAR

samma färs som till kålpudding
1 helt kålhuvud
rårörda lingon
sommargurka

Skär ut rotstocken ur vitkålen, förväll hela huvudet i kokande vatten i 10–15 minuter. Ta upp med hålslev och skala sedan försiktigt av bladen. Med en kniv tunnar man ut de grövre nerverna som sitter i mitten av bladen. Rester och överbliven kål hackas och blandas i färsen, inte alltför mycket dock, högst 2–3 dl. Lägg ungefär 5 msk färs på varje kålblad och rulla ihop till täta paket, de mindre kålbladen kan läggas ihop två och två och på så sätt bilda ett större. Lägg i en smord form och häll över ett par deciliter vatten. Ringla över sirap och grädda i 200° ugnsvärme en dryg timme. Servera med kokt potatis, sommargurka, rårörda lingon och en skysås.

SOMMARGURKA

1/2 gurka
1 msk socker
1 msk salt
1 msk vinäger eller ättika
2 msk vatten
dill eller persilja

Hyvla eller skär gurkan tunt och lägg i en skål. Tillsätt övriga ingredienser, utom dill/persilja, blanda om och låt stå i en timme. Före servering hackas dill eller persilja och blandas med gurkan.

SKYSÅS

Att göra en riktig skysås är tidskrävande, man bryner ben och grönsaker i ugnen och späder med vatten och sedan ska det sjudas på spisen en halv dag, minst. Det kan man givetvis göra och det har jag själv gjort några gånger. I ärlighetens namn vet jag faktiskt inte om det är värt besväret. Resultatet smakar ju något som påminner om ett limkok i sämsta fall.
Den bästa skysåsen får man enligt mitt tycke genom att deglacera den panna man stekt något i, exempelvis en biff, med ett par deciliter vatten, en skvätt japansk soja, eventuellt några droppar från en flaska färdigköpt buljong, och sedan låta det koka ihop något och smaka av med salt och peppar. Jag tycker personligen att en skysås ska vara tunn och transparent, absolut inte för stark, en sås ska aldrig dominera över själva huvudråvaran.

Hur gör man då en skysås till kålpudding och kåldolmar? Ja, man får fuska lite. Man blandar 2–3 dl vatten med några droppar soja och dito kalvbuljong från flaska, kokar ihop något och smakar slutligen av med salt och peppar. Men som sagt, skyn får inte bli för stark, delikatesser som dessa kålrätter klarar sig alldeles utmärkt på egen hand. Det är vedervärdigt att bli serverad kålpudding eller kåldolmar med en brunklibbig stark sås som helt demolerar själva essensen av dessa rätter, ja ni får gärna kalla mig såstaliban.

ORIGINAL
Abba

JANSSONS FRESTELSE

Som barn vaknade man alltid tidigt på julaftons morgon, full av förväntan, man var som en sprinter i startblocken på ett hundrameterslopp, allting vibrerade av anspänning. Från köket spred sig andra dofter än vanligt, mer mättade och på något sätt mer exotiska, som något ur en fornnordisk Tusen och en natt. Mamma var i full gång med julfrukosten, en något mindre variant av julbordet som skulle följa senare på dagen, det var ungefär som en avsmakningsmeny skulle man kunna säga. På julduken broderad med tomtar och julbockar stod inlagd sill, gravad och rökt lax, julskinka, flera sorters senap, inlagda rödbetor, kalvsylta, prinskorv och köttbullar. Alltsammans flankerat av den röda edamerosten, stiltonen och det uppskurna vörtbrödet. Kronan på verket var dock Janssons frestelse, det var också den som stack en i näsan när man vaknade, ansjovisaromen låg som en söt dimma i lägenheten, uppblandad med granbarrsdoft och lukten från brinnande stearinljus. Hela julhelgen åkte en frestelse in i ugnen varje morgon vid sextiden. Det måste ha gått åt en hel del ansjovisburkar.

Min mamma lärde mig senare i livet att laga sin Jansson. Den är inte svår att göra, det är få och billiga ingredienser, hemligheten är att göra den med passion, att titta till den ibland, där den står och gräddas i ugnen, späda med mer grädde ibland, vårda den ömt med andra ord. Nedan kommer ett redigerat utdrag ur *Resa genom ensamheten*, som beskriver hur man gör en Jansson. Det är nästan omöjligt att slå fast den exakta mängden av varje ingrediens, jag brukar utgå från följande och så varvar man lager på lager. Fattas det lök skivar man en till. Mer potatis? Skala ett par till och skär i stavar. Mängden råvara avgörs ju av hur stor form man använder och exempelvis hur mycket ansjovissmak man vill ha, inte ens jag som älskar ansjovis använder hela burken. Som sagts tidigare, mängden ingredienser bestäms under resans gång. Vad ni behöver är följande.

1 burk hela ansjovisar, rensade
spad från ansjovisen
6–10 potatisar, skalade
3 gula lökar, skalade och skivade
5 dl grädde
smör
ströbröd

Härmed ska historien om hur Jansson kom till New York avhandlas en gång för alla, så gott jag, herr Jonsson, kan minnas.
Det hände sig på den tiden, runt det senaste sekelskiftet, att ledningen för modehuset Prada inför den annalkande julen utlyste en tävling, där de anställda från jordens alla hörn skulle tillaga en för deras hemländer typisk maträtt, och sedan skulle direktionen avsmaka dessa anrättningar och en vinnare skulle utropas. Folk från Ryssland, Japan, de flesta länderna i Sydamerika, USA, Frankrike, Korea, Thailand med flera deltog. Och så en flicka från Upplands Väsby i konungariket Sverige, med det bibliskt klingande namnet Maria, tillika min älskade fästmö.
Jag blev uppringd mitt i natten som vanligt, det var brukligt, och Maria undrade om inte jag kunde laga till något, jag skulle ju

komma över till julen. Förälskad och kär som jag var kunde jag ha plockat ner månen om hon önskat, något så lätt som att laga lite mat var ju en önskan jag utan större möda kunde uppfylla, och jag skulle även se till att mitt hjärtas hjältinna skulle gå segrande ur striden. Det är nu så att jag inom den tappra skara som utgör mina nära och kära, och några till, är känd som den som gör den bästa Jansson som går att uppbringa, så varför inte göra en Jansson?
Enda problemet var ansjovisen, visste hon om det gick att få tag på där borta, nähä, då får vi smuggla in några burkar med hela ansjovisar, för det måste vara hela ansjovisar, som man rensar och filear själv, det smakar mer då.
Så med två burkar i handbagaget hälsades jag välkommen av Delta Airlines personal, och beordrade omedelbart kapten Bäckdahl att sätta kurs mot Manhattan. Humle och Dumle som satt bredvid och åt prickig korv startade motorerna och vi flög iväg. Nio timmar senare åkte två burkar ansjovis Yellow Cab uppför 8:e avenyn (om jag minns rätt, vilka går upp, och

vilka ...?), svängde vänster in på 47:e och klev av i hörnet 9:e där Maria bodde.
Burkarna öppnades och fiskarna fileades och lades i en hög för sig. Gul lök skivades, potatis skalades och skars i tunna stavar, formar togs fram och smordes med smör, sedan varvades potatis, lök och ansjovis i nämnd ordning, tills formen var fylld och då hälldes spad från burken på, efter behag men inte alltför mycket, rikligt med grädde och sedan strilades strö-bröd över det hela och allting klickades med en ansenlig mängd smör. Gräddades i en dryg timme i ugnen och späddes då och då med mer grädde. Fråga inte efter hur många grader, jag vet inte hur era ugnar är, typ 200.
Min Jansson bars via 47:e bort till 8:e, upp till 50:e, och vidare bort till 5:e avenyn och upp till Pradas butik.
De italienska skräddarna gick upp i brygga, de bedyrade att detta var i närheten av vad deras mammor och mammas mormor kunde åstadkomma, den ryske strykjärnskorpralen gjorde honnör och marscherade 5:e avenyn upp och ner tills solen gick ner över Central Park. Vi trodde vi hade segern som i en liten ask, men shit happens all the time folks, hispanics och gringos gick samman och i brist på bönor röstade de på stekt ris.
Vinnare blev naturligtvis Pradas numero uno-försäljare de senaste veckorna, Wann-er från Kina. Hon hade stekt ris och blandat i ett förbannat torrt strimlat kycklingbröst.
Maria var skitförbannad och svor hela kvällen. Överhuvudtaget präglades hennes arbetsplats av extrem avundsjuka och konkurrens, man fick kniven i ryggen hela tiden, det skvallrades om allt och alla till cheferna, förtal åt man till lunch och förolämpningar sköljdes ner med kvällsdrinken, men alla visste om det, sådana var spelreglerna. Gillar du det inte? Flytta hem till Sverige, honey.
Ja, då har ni hört sagan om hur Jansson ”kom, åts och besegrades” på Manhattan.
Denna Jansson har jag ätit i hela mitt liv. Min ångermanländska mamma gjorde den i hela sitt, och jag ska lära mina barn att göra den.

NUDELSOPPA CHINATOWN

Från augusti år 2000 till juli år 2001 pendlade jag över Atlanten som en jojo, det blev väl en tio resor sammanlagt, jag var där i olika långa tidsperioder, från ett par dagar till upp till sex veckor. Dagarna tillbringade jag på New Yorks gator och avenyer. När Maria gick till jobbet på morgnarna gick jag ut på långa promenader, mestadels ner mot södra Manhattan, någon enstaka gång norrut, men inte längre än till mattemplet Zabars i hörnet av 80:e och Broadway. Nej det var mest ner mot södra delen av ön jag styrde mina steg och min stora aptit. I Tribeca lunchade jag på Chanterell och legendariska The Odeon, jag lyckades till och med med konststycket att få ett bord på Mario Battalis nyöppnade Lupa på Thompson Street. Jag insåg dock att dessa excesser snabbt skulle tömma reskassan. Det var bättre att vänta till kvällen och på Maria, tänkte jag, och samtidigt som jag betalade notan på Lupa lyckades jag få ett bord till följande kvälls andra sittning på nämnda restaurang. Mina dagliga promenader fortsatte och efter ett tag lärde jag mig var man kunde få en god och billig lunch, bland annat en liten kina-restaurang på The Bowery i Chinatown. Där fick man en fantastisk nudelsoppa för 30–40 kronor. Lokalen var alltid fullsmockad av kineser, matsedeln var lång och innehöll saker som jag hade dålig kännedom om, det var förvirrande och ibland visste jag inte vad jag beställde. Första gången jag var där åt jag en fantastisk nudelsoppa med skaldjur, en stor skål med havets frukter och nudlar som simmade i en fantastisk buljong. Några dagar senare trodde jag att jag beställde samma sak, men icke, in kom en annan variant, även den god men det var andra nudlar i. Det tog några besök innan jag förstod att det var udonnudlar jag skulle ha. När jag sedan kom hem till Stockholm försökte jag återskapa soppan. Alla älskade den och här är den. Naturligtvis kan man variera skaldjuren. Ta det ni får tag på.

STIR FRY NOODLES
YAKIUDON
10-1-22323-1-01

NUDELSOPPA CHINATOWN

udonnudlar, gärna färska,
finns i asiatiska affärer
alger, torkade (kan uteslutas)
jordnötsolja eller annan matolja
2 vitlöksklyftor, hackade
1 chilifrukt, hackad
1 bit ingefära, hackad
1 liter kycklingbuljong
salt
peppar
4 fiskbollar, finns i asiatiska affärer
en liten skvätt sesamolja
1 msk fisksås
1 morot, fint strimlad
citron/lime
4 bok choi, delade i kvartar
200 g grillad eller kokt bläckfisk,
skuren i mindre bitar, se recept
sid. 22 och 25
200 g räkor, eller 4 scampi
hackad koriander eller thaibasilika
3 salladslökar, strimlade

Börja med att lägga algerna i blöt i en timme. De ska bli mjuka. Tillred udonnudlarna enligt paketets anvisningar, skölj dem i kallt vatten och ställ åt sidan. Värm upp matoljan i en stor kastrull, lägg i vitlök, chili och ingefära och låt fräsa helt kort under omrörning.
Häll kycklingbuljongen över, smaka av med salt och peppar, lägg i fiskbollarna och låt småkoka 5 minuter. Droppa i lite sesamolja och fisksåsen, inte för mycket av sesamoljan, den har väldigt dominerande smak.
Nu är det dags för morötterna och skaldjuren, låt stå någon minut för att bli varmt.
Till sist häller man i nudlar, bok choi och alger, låt även dem bli varma.
Smaka av med citron. Häll upp i soppskålar och strö hackad koriander och salladslök över. Vill ni ha soppan starkare strör ni även hackad chili över.

HALSTRAD ANKLEVER MED VARMA DRUVOR

Anklever är väl inte husmanskost, säger ni. Jo då, speciellt i vissa delar av Frankrike. Men det ska inte ätas för ofta, då tröttnar man, tro mig. En enkel och raffinerad förrätt eller mellanrätt.

4 skivor anklever
4 små skivor bröd, storlek anpassad efter leverskivorna
10 vindruvor, halverade och urkärnade
lite vatten eller fikonvinäger
salladsblad blandade med lite olja och citron

Heta upp en stekpanna utan matfett och halstra först brödskivorna, lägg åt sidan i en handduk. Torka ur stekpannan och hetta upp den igen. Halstra sedan anklevern snabbt, det måste gå fort, annars smälter levern ihop till i princip ingenting, högst 30 sekunder på varje sida. Häll av ankfettet i stekpannan, häll i lite vatten eller fikonvinäger och druvorna, låt koka ihop något, ta av pannan från värmen. Lägg en brödskiva på en tallrik, placera anklevern ovanpå, lägg salladsblad runtomkring och strö sedan de halverade druvorna över. Drick gärna ett litet glas sött vin till, typ Sauternes, det finns på små flaskor på Systembolaget, både bra och billiga alternativ, exempelvis Château du Juge. Naturligtvis kan man dricka vilket vin som helst, men det blir en extra upplevelse med ett glas sött.

GRILLAD KYCKLINGSCHNITZEL

En kväll i Venedig sökte vi oss bort från Markusplatsen och alla turister. Vi hamnade på en bar och beställde varsin öl. Vi frågade killen som jobbade i baren var man kunde äta venetiansk mat, och plötsligt var alla gäster i den lilla baren engagerade i frågan. Till slut enades de och vi fick en vägbeskrivning. Efter 20 minuters letande bland gränder och kanaler hittade vi den. Detta är en av rätterna vi åt.

GRILLAD KYCKLINGSCHNITZEL

4 kycklingfiléer
olivolja
salt
svartpeppar
hackad färsk rosmarin,
torkad går också bra
rucolasallad
citron

Lägg en kycklingfilé i en bärkasse av plast. Banka sedan försiktigt ut den till en schnitzel, så tunn som möjligt, använd en liten stekpanna eller en brödkavel. Upprepa med resten av filéerna. Gnid in dem med olivolja, salta och peppra och strö hackad rosmarin på båda sidor. Hetta upp en grillpanna tills den blir ordentligt het. Ett tips är att aldrig ha olja i en grillpanna, den ska vara torr och så het som möjligt, olja in det som ska grillas i stället. Lägg kycklingschnitzlarna på grillen och grilla 2 minuter på varje sida. Servera med en citronklyfta och rucolasallad som ni stänkt lite olja och citron på. Det räcker gott så. Har ni hungriga barn, som jag, så servera ugnsstekt klyftpotatis till.

UGNSSTEKT KLYFTPOTATIS

1 kg potatis
salt
peppar
färsk eller torkad timjan
olivolja

Skala och klyfta potatisen, lägg i en ugnssäker form. Salta och peppra, strö över timjan. Ringla olivolja över och rör om potatisen så att den täcks av olivoljan och kryddorna. Låt gå i ugnen på 200° cirka en timme.

CARBONARA MED SALAMI

Spaghetti carbonara, en favorit hos mina barn, mig och Maria, och dessutom går den snabbt att tillaga. Utomordentlig att äta dagen efter en festlig kväll på krogen, eller en hård dag på sjön. Här är en variant som jag stötte på i London med fläsket utbytt mot salami, prova, det blir som man säger svingott.

500 g pasta
200 g salami i bit, typ Milano
4 ägg
1/2 dl grädde
150 g riven parmesanost
rivet skal från en citron
svartpeppar
salt
hackad persilja
olivolja

Börja med att sätta på rikligt saltat vatten till pastan.
Vispa äggen med grädden, lägg i parmesanosten. Krydda med rejält med nymalen svartpeppar, själv stöter jag den i mortel för att jag vill ha den ganska grov.
Riv skalet av en citron och tillsätt till äggsmeten. Salta försiktigt.
Skär salamin i 4 mm skivor och skär sedan i stavar, också de 4 mm breda, halvera sedan salamistavarna.
När pastan är färdigkokt, stek salamin hastigt i en stor stekpanna, tillsätt pastan lite i taget och vänd om hela tiden. Vänd ner den hackade persiljan.
Häll sedan över äggsmeten och ta pannan från värmen. Blanda om ordentligt.
Häll upp på ett stort serveringsfat, alternativt individuella tallrikar, riv parmesan över och krydda med mer svartpeppar, ta en tugga och lyssna till hur änglarna sjunger.

SPAGHETTI BOLOGNESE

Det är svårt att tänka sig en tid utan spaghetti och köttfärssås, jag tror faktiskt inte jag kan föreställa mig det. I mitt hem fanns rätten på 50-talet, kanske beroende på att pappa gjorde många jobbresor till Italien och kom hem och berättade för mamma om pastans förlovade land. Å andra sidan var hon ju restaurangmänniska så hon kände säkert till den. Jag minns de två bilresorna till Italien i början av 60-talet och den försvarliga mängd portioner med spaghetti med köttfärssås som jag och min bror konsumerade då, nedsköljda med Coca Cola. Jag har fyra barn och har alltså lagat tusentals liter köttfärssås, jag gör alltid stora satser och fryser in det som inte äts upp. Hur man gör en bra sås, eller ragu som det heter ibland, är lika omtvistat som "mammas köttbullar". Det här är mitt sätt, jag tycker kycklinglevern ger ett djup och en extra dimension åt den gamla älskade köttfärssåsen. Tycker man inte om lever är det bara att utesluta den ur receptet, det blir ändå gott.

1 kg blandfärs eller lammfärs
250 g kycklinglever
1 gul lök, hackad
3 vitlöksklyftor, hackade
1 morot, tärnad 3 x 3 mm
1 bit rotselleri, tärnad 3 x 3 mm
1 burk hela tomater
3 msk tomatpuré
oregano, torkad
150 g pancetta alt. rimmat sidfläsk, smått tärnat
ett glas vitt vin
3 dl vatten
1 kycklingbuljongtärning
olivolja
salt
peppar

Börja med att bryna kycklinglevern i en stekpanna, ställ åt sidan att svalna.
Stek sedan långsamt den hackade löken i en stor gryta eller kastrull, tillsätt vitlöken efter ett tag.
Lägg sedan i köttfärsen lite i taget och låt den brynas.
Tillsätt morot, selleri och fläsket. Stick ner en kniv i burken med tomaterna och skär sönder dem och häll sedan ner dem i grytan.
Hacka kycklinglevern fint och tillsätt även den, tomatpurén och oreganon.
Späd med vin och vatten och lägg i buljongtärningen, salta och peppra. Tillsätt mer vatten om det behövs. Låt koka på svag värme i minst 1 timme, ju längre desto bättre, titta till den då och då och späd med vatten om det behövs. Smaka av om såsen behöver kryddas mer, servera med spaghetti eller annan pasta, nyriven parmesanost och en flaska rödvin.

STEAK MINUTE

Andra halvan av sjuttiotalet började vi i Eldkvarn och vännerna omkring oss frekventera restaurang La Cocarde på Sveavägen i Stockholm. Vi hade inte börjat tjäna några pengar att tala om än, men jag minns det som om det var billigare att gå ut och äta på den tiden, dagens rätt kostade tre fyra kronor på sin höjd. Andra restauranger som ofta fick besök av oss var Slavia på Rörstrandsgatan samt alla de pilsnercaféer som fanns runt om i hela Stockholm. Berns Röda rummet var krogen man avslutade kvällen på, karafferna med rödvin bars i en strid ström till bordet, man grävde i fickorna, räknade och beställde en till. La Cocarde drevs av ett gäng fransmän och maten var mestadels av fransk bistrokaraktär, filé mignon, fläsknoisette, entrecôte, mince de bœuf och så vidare. À la carte-matsedelns billigaste rätt minns jag som spaghetti med köttfärssås, jag tror den kostade 4,50. Även här var det en karaff rött som gällde. Matsedelns dyraste rätt var tournedos med pommes frites och bearnaisesås för 18 kronor, den åt man vid högtidliga tillfällen, till exempel om mamma hade skickat en hundralapp med gratulationer på Maltedagen den 28 november, eller om en liten skvätt stimpengar hade utbetalts. 18 kronor var lite knappt en tiondel av den hyra vi betalade för två rum och kök i gårdshuset på Rörstrandsgatan 2. Om man skulle ta en tiondel av den boendekostnad jag har idag och applicera den på en tournedos skulle den kosta runt 1 500 kronor. Livet och omständigheterna förändras, men en sak består, det finns något som jag bara måste äta när andan faller på, och det gör den ganska ofta, en blodig biff med pommes frites och bearnaisesås, ett beroende som grundlades på restaurang La Cocarde på Sveavägen för 35 år sedan.

STEAK MINUTE

4 skivor ryggbiff, ca 150 g/person

BEARNAISESÅS

1/2 dl torrt vitt vin
1/2 dl vinäger
1 msk finhackad schalottenlök
4 msk finhackad dragon
3 äggulor
25 g kallt smör
1 1/2 dl–2 dl smält smör
salt
vitpeppar

Lägg fram biffarna i rumstemperatur och börja sedan med bearnaisesåsen.
Smält smöret och ställ åt sidan. Koka ihop vin, vinäger, schalottenlök, hälften av dragonen och nymald vitpeppar tills 2 msk återstår. Vispa äggulorna fluffiga i en bunke över ett vattenbad, tillsätt vinägeressensen. Rör i bitar av det kalla smöret, se till att det smälter och tillsätt sedan det smälta smöret droppvis tills såsen är slät och tjock. Tillsätt resten av dragonen, smaka av med salt och vitpeppar. Man kan givetvis använda torkad dragon, men minska då mängden till 1 msk.

Smält smör och lite olivolja i en stekpanna, salta och peppra biffarna i pannan när den blivit het. Stek ca 1 minut på varje sida.
Ta upp och låt vila medan ni vispar ur pannan med lite vatten och en skvätt soja, smaka av med salt och nymalen vitpeppar. Häll den saft som bildats på fatet med biffarna i skyn. Lägg upp biffarna på tallrikar, slå lite sky över och servera med bearnaisesåsen, pommes frites, eller råstekt potatis och en tomatsallad.
Pommes frites är lite bökigt att göra hemma och förenat med viss brandfara om man är ovan, tro mig, jag har släckt småbränder i mina dagar. Jag föreslår därför denna variant. Skär potatisen i ganska grova pommes frites, stek hastigt i stekpanna tills den får lite färg och ställ sedan in i ugnen på 250° tills den är klar. Salta och servera.

TOMATSALLAD

4 tomater
2 schalottenlökar, skalade och hackade
2 msk olivolja
saften av en halv citron
salt
peppar
persilja eller valfri ört

Skiva tomaterna och bred ut dem på ett serveringsfat, strö löken över, salta och peppra. Ringla olivolja och pressa citron över tomaterna. Avsluta med att fördela persiljan över salladen.

KRÄFTOR

Att bjuda folk på middag är roligt, det gör jag ofta och gärna. Att bjuda på kräftor är extra festligt. Kräftor är nämligen gott, djävulskt gott, speciellt om man har kokat dem själv, vilket jag gör varje år. Vi brukar ta reda på var man kan köpa kräftor och sedan gör vi en trevlig bilutflykt, 40 mil tur och retur är inget hinder, speciellt om det är trevliga småvägar som man inte åkt tidigare.
Det finns människor som blir maniska när de äter kräftor, jag är en av dem. Jag stänger av omvärlden och blir själv som uppslukad av ätandet. Jag glömmer att dricka till exempel.
När andra druckit två öl har jag möjligtvis tagit en mun, snapsarna tycker jag mest är ett onödigt avbrott i sugandet och sörplandet, för att inte tala om snapsvisorna. Vad tror folk egentligen, att det är en lek att äta kräftor? För mig är det som en stor idrottsprestation, anspänningen har dag för dag byggts upp under juli månad, kräftorna har kokats, västerbotten, kryddost och knäckebröd har inhandlats, timmen är slagen, allt är framdukat och då jävlar ska här inte sjungas en enda ton, inte ens om jag får betalt för det. Det är allvarligt det här med kräftor, bland det allvarligaste som finns.
Glöm aldrig det.
En svampsmörgås före skaldjuren och en bärpaj efter, svårare är det inte att skapa en oförglömlig måltid som man kan leva på hela vintern.

KANTARELLTOAST MED LÖJROM

Här är en lite lyxigare kantarelltoast med vin och löjrom, det går lika bra utan.

4 skivor bröd, gärna surdeg
smör
2 schalottenlökar, hackade
1 vitlöksklyfta, hackad
400 g kantareller, rensade
1/2 dl vitt vin
1 dl grädde
salt
peppar
1 dl hackad bladpersilja
4 msk löjrom, Kalix

Stek brödskivorna gyllenbruna i smör.
Smält lite mer smör och svetta lök och vitlök snabbt. Lägg i kantareller och stek med några minuter på hög värme. Slå på vin och låt koka in, slå på grädde och sjud ihop till önskad konsistens. Smaka av med salt, peppar och persilja.
Servera på brödskivorna och toppa med löjrom.

KOKA KRÄFTOR

2–3 kg levande signal- eller flodkräftor
3 liter vatten
1 dl grovsalt
3 msk socker
30–40 dillkronor

Koka upp vatten, salt, socker och 10 dillkronor i en stor kastrull och låt sjuda 5 minuter. Lägg ner 8–10 kräftor i taget och låt koka några minuter, för över dem i en stor bunke/skål. Lägg på några dillkronor.
Gör om proceduren tills alla kräftor är kokta, avsluta med ett lager dillkronor. Sila av lagen och slå över kräftorna, låt svalna.
Ha inte i några fingrar eller liknande i lagen för att undvika bakterier.
När kräftorna i lagen svalnat förs de över till kylen. Se till att alla kräftor ligger under lagen. Kräftorna är färdiga att ätas nästa dag.

Man kan även servera kräftorna ljumna, ha då gärna lite mer salt i koklagen.

BLÅBÄRS- OCH ÄPPELPAJ MED VANILJGLASS

1/2 kg blåbär, frysta
3-4 äpplen, tärnade
2 msk maizenamjöl
1 dl socker
100 g smör, rumstempererat
2 dl havregryn
1 dl solrosfrön
vaniljglass

Blanda blåbär, äpple, maizena och ½ dl socker i en ugnssäker form, låt tina lite. Blanda under tiden resterande socker, smör, havregryn och solrosfrön till en smulig massa. Fördela smuldegen över bär och frukt och grädda i ugnen på 175° i 20–30 minuter.
Ta ut och låt svalna lite.
Servera med vaniljglass.

MAGDAS UGNSBAKADE TOSCAÄPPLEN

Mammas paradefterrätt från barndomen, vad vi älskade den, hela familjen. Man kunde inte sluta äta dessa äpplen, det kunde bli två tre stycken fast magen redan var full av söndagsstek, inlagd gurka, rönnbärsgelé, gratinerad blomkål, gräddsås och hasselbackspotatis. Det här är en rekonstruktion. Jag har letat överallt efter något handskrivet kvarlämnat recept, jag har bläddrat i de fåtal kokböcker hon lämnade efter sig, men receptet gick inte att finna. Så detta är resultatet av de smak- och minnesbilder jag har, jag drog mig till minnes, vi gissade, provlagade, ändrade och kom slutligen fram till detta.

4 fasta äpplen, skalade och urkärnade
3 dl vatten
1 1/2 dl socker
1/2 citron, pressad
50 g smör
50 g hyvlad mandel
3/4 dl socker
2 msk grädde
2 msk vetemjöl

Koka upp vatten, socker och citronjuice.
Lägg i äpplena och låt koka upp under lock, ställ åt sidan och låt stå 10 minuter.
Smält smöret, blanda ner de övriga ingredienserna och låt koka upp.
Låt äpplena rinna av och lägg dem i en ugnssäker form och täck med toscasmet.
Grädda i ugn ca 10 minuter på 225°.
Servera med ovispad tjock grädde eller vaniljglass.

KOSTER

SYDKOSTER OCH ANDRA ÖAR I MITT LIV

Första gången jag var på Koster var runt 1960. Jag minns inte så mycket av det besöket, egentligen har jag bara tre minnesbilder. Den första är att vi sitter i en båt och pilkar torsk, båten, solen, det glittrande havet, bergsklipporna och torskarna som drogs över relingen. Varför har just den bilden stannat kvar på näthinnan? I den andra bilden leker jag och min bror nedanför fönstret till ett vitt hus, det kan ha varit det gamla Tullhuset i sundet som redan då hade gjorts om till bostäder, det kan också ha varit Inge Schiölers hus med det gröna koppartaket. På den sista bilden ser jag hur pappa och Krister låtsasboxas bredvid ett matbord i något av sagda hus, jag tycker det är obehagligt. Sedan kan jag också se familjen Jonsson sitta på verandan på restaurang Skagerack inne i Strömstad, vi är där med några andra men jag minns inte vilka det är. Gemensamt för dessa minnen är att solen skiner och havet glittrar hela tiden, ett intensivt, starkt bländande solljus från en blå himmel och ett evigt glittrande hav. Vi hade rest till Koster för att hälsa på min bror Krister och hans mamma Joyce. Joyce var syster till konstnären Inge Schiöler. Detta är en lång och en annan historia som vi inte ska ta här, och det kanske inte är min sak att berätta, inte än, men jag ville ändå nämna dessa minnesbilder, jag tror de är betydelsefulla men riktigt hur mycket och varför har ännu inte uppenbarats för mig.

Det skulle dröja nästan 30 år innan jag åter steg iland på Sydkoster. Hösten 1998 för att vara exakt. Jag var där för att skriva låtar till vad som ett år senare skulle bli skivan Limbo. Efter att i tio års tid skrivit låtar och handlat fisk av Curt, fiskarsonen på Hasselö, en ö i Tjust skärgård utanför Västervik, bytte jag nu det bräckta vattnet i Östersjön mot det salta västerhavet. Jag bytte inte bara hav, jag bytte även Curts fisk, abborre, gädda, sik, strömming, lake och för all del även en och annan torsk och piggvar, till det större utbudet av fisk och skaldjur på västkusten. Mitt låtskrivande blandades med en orgie i utforskandet och ätandet av detta fiskbestånd. Alla sorters skaldjur, makrill, vitling, torsk naturligtvis, lubb, långa, kolja, marulk, hälleflundra, piggvar, rödtunga, jag befann mig i ett kulinariskt paradis. Dessa fiskar kände jag naturligtvis till och hade ätit och tillagat de flesta förut, men det som var slående var kvaliteten och graden av färskhet samt tillgången. Den fisk som jag handlade av Curt på Hasselö var för övrigt lika färsk och fin och välsmakande. Jag har med åren haft turen och sett till att bli bortskämd med bra fisk, först i barndomens somrar på Norra Finnö i S:t Anna skärgård, sedan på Hasselö och nu här på Sydkoster. Mitt förhållande till fisk började förmodligen redan innan jag kunde gå. Pappa hade fiskat med farfar sedan han var liten, och det var naturligt att jag och min bror och syster följde med ut på fisketurer redan som små, det var en självklarhet. Vi fick lära oss att gräva mask, hantera glihåven, agna, kroka av och rensa fisken. Höst, vinter och vår åt vi fisk två gånger i veckan, juni, juli och en bit in i augusti åt vi i princip fisk

Från: **Kostertenan**
Datum: to 9 apr 2009 06.52.59 GMT+02:00
Till: **Plura Jonsson**
Ämne: **hare**

Hejsan,
Hämtade Carla igår och han var i fin form. Vi käkade lite räkor hos Ingegerd och hade rätt trevligt...

Hare gör man så här :
Skaffa en stövare typ Schiller eller Hamilton och en hagelbössa.
Hunden letar upp haren och när den kommer på lämpligt håll skjuter du den.

Vill man göra en "skogvaktarns bästa" så tar man rätt på lever, njurar och hjärta. När du kommer hem från skogen skär du inälvorna i små tärningar och steker dem i smör med salt och peppar. Stek en skiva bröd och häll på köttet med en persiljekvist. Kall öl är inte fel till..

Haren ska hänga med pälsen på i 40 dygnsgrader (som allt kött). 8 dygn med 5 grader blir 40, 4dygn med 10 grader blir 40 osv.

Haren benas ur och alla förbannade hinnor avlägsnas nogsamt. Köttet skärs i lämpliga grytbitar. Rotfrukter (nästan alla går att använda) skalas och skärs i tärningar. Ca 1 liter tärnade rotfrukter av olika sorter är lagom. Morötter ska man inte ta för många då det kan bli en smula sött.

Köttet steks i järngryta med smör till det fått färg och stekyta.
Rotfrukterna hälls i grytan tillsammans med ett glas rödvin. Små, gula lökar kan man lägga i mot slutet.
Enbär (10-15 st) stöts i mortel och läggs i tillsammans med salt och ordentligt med grovmalen svartpeppar.
4-5 dl vispgädde och eventuellt mer rödvin.
Puttrar under lock ca 20 minuter. Är haren rätt hängd och väl putsad behövs inte mer tid. Den ska inte bli sönderkokt !

Levande ljus, goda vänner och en panna rödvin passar bra till. Vanlig, kokt potatis eller eventuellt klyftpotatis med skalen kvar blir bra till.
Lätt som en plätt !

mvh Göran

varje dag. Kanske inte de första veckorna i juni då vi barn var ensamma med mamma i Filipsstugan på Norra Finnö, men när pappas semester började, då började också det stora fiskafänget.

Tre, fyra långrevar agnades, antingen med daggmask som grävdes runt Filipsstugan, eller i mer sällsynta fall med löja eller gli, som vi sa. Dessa långrevar låg i hela sommaren, vittjades vid sextiden på morgonen samt efter middagen varje kväll. Detta var på den tiden då det var gott om fisk i Östersjön. Vi fick mest abborre, ål och gädda på långreven, men även id och braxen förekom ymnigt, dessa slängdes dock tillbaka i sjön, nåldynor sa pappa, han var uppfödd på dem. Vi fick så mycket fisk att vi var tvungna att ge bort det mesta till grannar och bekanta. Pappa och mamma kunde komma hem med en 50 liters zinkbalja fylld till brädden med havets läckerheter. Vi åt fisk till frukost, lunch och middag, endast söndagsmiddagen var undantagen, då brukade mamma göra söndagskyckling, ugnsstekt hel kyckling med gräddsås, någon form av gelé, rönnbärs, eller vinbärs, kokt eller stekt potatis och sommargurka. Annars var det som sagt fisk för hela slanten. Helstekt abborre, fjällad, vänd i ströbröd och sedan stekt i smör, med nyupptagen potatis och med de första gyllene kantarellerna, stekta länge, också de i smör, nästan knaperstekta. Eller ugnsstekt hel gädda, eller stekta gäddfiléer för den delen. Stekt ål, kokt ål, inkokt ål, kokt gädda med pepparrot och smält smör, stuvad abborre och en hel rad andra anrättningar som min mor trollade fram vid spisen. Jag minns att pappa en natt hade så våldsamma mardrömmar att han skrek i sömnen. Han förklarade vid frukosten att han ätit så mycket fet ål kvällen innan att han drömt att ålarna stod tätt packade utanför fönstret, ända upp till andra våningen. Ålarna försökte tränga in i huset för att äta upp honom, stackars pappa.

På Sydkoster finns ingen fiskaffär förutom under sommarmånaderna, men jag kom snart på att jag kunde ringa in till Laholmens fisk inne i Strömstad och beställa. Jag ringer in tidigt på morgonen när de kommit tillbaka från fiskauktionen och får då veta dagens utbud, allt beroende på vindstyrka och fiskekvoter. Affären ligger precis där Kosterbåtarna lägger till i norra hamnen, så min beställning läggs på båten och jag möter upp på bryggan i sundet och betalar till båtsman, sparkar i gång flakmoppen och kör upp till huset och inspekterar fångsten. Det är en av livets höjdpunkter att se och hålla i färska, nyfångade fiskar. De är inte bara vackra, det är gudarnas gåva från havet till mänskligheten. Färsk fisk luktar ingenting, möjligtvis en förnimbar doft av hav, de glänser och är spänstiga i köttet, klara färger, friska och klara ögon.

Många människor beklagar sig ofta över att det är tråkigt att laga mat när man är ensam. Det har de helt fel i, det är då det är extra roligt, då kan man pröva olika saker, nya tillagningssätt, andra tillbehör och komplement utan att behöva vara rädd för att misslyckas. Oftast blir det bra, någon gång går det på tok men då lär man sig till nästa gång och på så sätt utvecklas ens kunskaper.

Förutom fisken finns också Kosters trädgårdar här ute på ön som drivs av Stefan och Helena. Där handlar jag det mesta i grönsaksväg, allt plockat i samma stund som det handlas, olika kålsorter, en mängd sallader, bönor och ärter, örter, vitlök, tomater och gurka. Nyskördade grönsaker och pinfärsk fisk, en låda vin och en limpa cigg, det klarar man sig alldeles utmärkt på ute i havsbandet. Jag glömde en sak, en flaska whisky är bra att ha när höststormarna dansar upp från havet och sliter i hustaket.

BLÅMUSSLOR MED ÖRTER

Moules marinière var en av de första förrätterna jag gjorde minns jag, först musslor, sedan lammstek. Detta var i slutet av 70-talet, på den tiden när Eldkvarn med flickvänner och småbarn fortfarande samlades till stora gemensamma middagar. Rödvinet, Mouton Cadet, flödade och måltiden avrundades alltid med en bit gorgonzolaost. Sedan gick alla in i dimman, beskyllningar haglade till höger och vänster, det dansades och småhånglades och bebisarna skrek ikapp. Det är annorlunda nu, vi i Eldkvarn har ätit tusentals middagar tillsammans under de snart 40 år vi rest runt i landet, så att träffas över en bit mat på fritiden är inte det som står högst på prioriteringslistan när man kommit hem och ställt ner resväskan på hallgolvet. Ibland kan jag dock sakna dessa svunna sammankomster från slutet av 70-talet, och det händer att jag lagar musslor och lammstek av nostalgiska skäl. Här är ett recept med färska örter, ta de ni kommer över, det blir bra hur man än gör. Låt bara inte musslorna ånga eller koka för länge, då blir de små och torra.

2 kassar rensade blåmusslor
2 msk olivolja
1 gul lök, hackad
2 vitlöksklyftor, hackade
2 stjälkar selleri, skurna i små tärningar, 1/2 cm
1/4 fänkål, skuren i små tärningar, 1/2 cm
2 dl vitt vin
2 dl grädde
salt
peppar
örter: persilja, dill, timjan

Hetta upp olivoljan i en kastrull, svetta lök, vitlök, selleri och fänkål snabbt.
Lägg i musslorna och slå på vin, lägg på lock och låt det koka upp.
Lyft locket och se om musslorna öppnat sig, rör om en gång, lägg på locket och låt gå någon minut till.
Lyft ur musslorna och slå på grädde.
Låt koka upp och smaka av med salt och peppar.
Lägg tillbaka musslorna med örter och servera direkt.

SALLAD STRAN MED VARMRÖKT LAX

En hyllning till konstnären Inge Schiöler som hämtade många av sina motiv från Sydkosters natur, bland annat "Boarna vid stran", två sjöbodar nere på klipporna längst in i Långevik, 150 meter från Lenas klippa där vi brukar bada.

1 dl majonnäs
citronsaft, efter behag
8 kokta potatisar, tärnade
2 äpplen, tärnade
3 msk kapris
2–3 msk riven pepparrot
salt
peppar
1 huvud romansallad
4 bitar varmrökt lax, bruten i bitar

Smaksätt majonnäsen med citron, det gäller att hitta den perfekta balansen, börja försiktigt och tillsätt sedan mer om det önskas.
Vänd i potatis, äpple, kapris och pepparrot, smaka av med salt och peppar.
Lägg upp på ett fat med salladen i botten och toppa med laxbitar.

SMÖRSTEKTA PILGRIMSMUSSLOR

Att servera som förrätt ovanpå några salladsblad stänkta med citron och olivolja.

12–16 pilgrimsmusslor, avtorkade
smör
salt
vitpeppar
citronklyftor

Hetta upp en panna med smör.
Stek musslorna 30 sekunder på varje sida och krydda med salt och peppar.
Servera direkt med citron till.

CEVICHE

CEVICHE FRÅN KOSTER

Till den här rätten kan man ta vilken fisk som helst, men ju färskare desto bättre. Torsk, hälleflundra, lax, tonfisk, pilgrimsmussla. Det går bra att blanda flera sorter eller bara hålla sig till en. Man kan komponera hur man vill efter tycke och smak, ha mer eller mindre chili, kort sagt du bestämmer. En del marinerar fisken väldigt länge, till och med över natten, somliga en timme. Det tycker jag är synd om man har fin färsk fisk, resultatet blir bara att fiskköttet smakar citron. Jag brukar blanda samman alla ingredienser precis före serveringen, på så sätt klär man bara fiskbitarna med citron och man kan fortfarande känna fiskens genuina smak. Man kan med fördel förbereda allt om man bjudit hem folk. Då väntar man med att hälla lime- eller citronsaften över cevichen tills precis innan man portionerar den i förslagsvis cocktailglas. Nu slumpade det sig så att vi hade marulk över, så då fick det bli marulk denna gång.

400 g färsk fisk, tärnad
2 lime eller citroner, pressade
20 musslor, kokta, uttagna ur skalet
30 räkor, kokta och skalade
1 mango, tärnad
1 avokado, tärnad
1 rödlök, hackad
1 chilifrukt, hackad
2 msk olivolja
1 dl hackad koriander
svartpeppar
salt

Blanda marulk med lime/citroner och låt det marinera 5 minuter.
Blanda i resten av ingredienserna och smaka av med peppar, salt och eventuellt mer lime/citron.
Det är väldigt elegant att servera i cocktailglas.

MAKRILL- OCH SKALDJURSRECEPT

En kväll i slutet av maj 2008 sitter vi på Skaldjurscaféets uteservering vid Långegärde brygga och äter i majsolens sista värmande strålar. Denna krog anses vara Sveriges västligaste restaurang, belägen halvvägs ut genom Kostersundet. Om man passerar vidare ut hamnar man i Grillbältet, en samling skär och småöar omgärdade av grynnor och hällar, där norska fritidsbåtar med besättningar, klädda i rött, vitt och blått, på sommarhalvåret långtidsparkerar, dricker öl och grillar. Efter grillbältet vidtar öppet hav och inget annat.

Ingegerd hade ringt och bjudit ner oss på ostron från Koster.

Det är jag och Carla, Ingegerd, Johan, Kosterbo och allt i allo på caféet, en handbollsspelare från Västerås på väg till Lund samt Sara, diffust vad hennes sysselsättning är, men något med modeagent tror jag. Egentligen är inte den röda gamla avsomnade sillfabriken öppen, så det är bara vi där. Dock avbryts måltiden då och då av förbisläntrande öbor, som stannar och slänger käft, på väg av eller på Kosterbåten. Det var nu inte bara ostron som serverades utan även räkor, kräftor och musslor sattes fram på bordet, så vi kunde inte önska oss något mer av livet. Solen var på väg ner mellan trädtopparna på Nordkoster, och där sundet öppnade sig mot Skagerack såg man de stora fartygen avteckna sig mot horisonten.

Vi har väl hunnit till kaffet och konjaken när han dyker upp, lite småhaltande och med uppenbara ryggproblem. Ingegerd säger till den för mig okände mannen att hon har en beställning i morgon och att hon behöver krabbor. Han genmäler då att i så fall behöver han hjälp med att dra upp tinorna eftersom han har så ont i ryggen. Inga problem, alla runt bordet anmäler sig, så även undertecknad. OK, klockan sju i morgon bitti vid min båt säger han och går sin väg i skymningen. Vem var det? frågar jag Ingegerd och håller uppfordrande upp min tomma konjakskupa. Det var Göran, han brukar hjälpa till när jag behöver krabbor eller makrill. Hon tar mitt glas och försvinner in i baren. Någon halvtimme senare bryter jag upp och cyklar hem genom mörkret. Följande dag skulle inga låtar skrivas, natt skulle inte rimmas på hatt, inga ackordföljder skulle provas, inget skulle stötas och blötas, nej det skulle fiskas krabba, fy fan vad skönt.

Klockan sex följande morgon ringer jag min bror. Nej, jag orkar inte, stönar han, jag kom hem för en timme sedan. Det hade blivit efterfest hemma hos Sara som alltså pågått in i gryningen, vilket också visade sig nere vid bryggan en timme senare.

De enda som mönstrade på båten denna morgon var alltså jag och Göran. En 56-årig rockmusiker och en något yngre, f.d. entreprenör inom skogsnäringen. Detta och mycket mer blev jag varse under den förmiddag vi tillbringade i båten.

Först drog vi tinorna på utsidan av Sydkoster. Göran instruerade och lotsade mig genom den ädla, men för mig okända konsten att bärga krabbor från havets botten. Man fångar flötet och linan som markerar krabbtinan med en båtshake och lägger linan i en vinsch som drar buren upp till vattenytan, sedan får man själv lyfta och dra den över relingen, öppna den och plocka ut krabborna och sedan slänga tinan i sjön igen. Allt detta var ett tungt jobb denna förmiddag, fångsten var så riklig att vi fick återvända och lasta av vid Långegärde och sedan gå ut igen för

Foto: Ulf Berglund.

att ta tinorna på insidan mot Kosterdjupet. Även där log fiskelyckan emot oss, ja man skulle kunna säga att den garvade oss rakt i ansiktet, och vi log tillbaks.
Göran, utbildad skogvaktare vid skogshögskolan, berättade att han tillbringat 10 år i Ukraina och Ryssland och handlat med timmer, byggt upp en rörelse med sågverk och hela baletten, druckit för mycket vodka och gått in i den berömda väggen, sålt av och flyttat hem till Sverige och köpt ett hus på Sydkoster.
Det hade varit ett hårt liv borta i skogarna i öst förstod jag, avtal och affärsuppgörelser som slöts med ena handen runt vodkaflaskan och en kall pistol mot tinningen, han fördjupade sig inte vidare i ämnet utan tittade bara ut över vattnet, som om han såg sitt liv spelas upp en gång till. Här ute till sjöss kunde han se på det och samtidigt hålla smärtan på avstånd. Jag borde skriva en bok och berätta, sa han sedan, så mina barn kunde få veta vad jag höll på med. Gör det, sa jag, annars gör jag det.
Nu försörjer han sig på att köra taxibåt, anordna fisketurer samt att vara tillsyningsman på Kosteröarna, vilket innebär ansvar för renhållningen av öarna, att varje vår rensa stränderna från allt skräp och bråte som flutit i land under året som gått. Vidare att hålla landskapet öppet, återställa de ängar som vuxit igen och att skälla ut norrmän som gör upp eld direkt på klipporna.
Nåväl, förmiddagens krabbfiske förflöt under samtal om hans år i Ukraina och Ryssland och mina år på vägarna i Sverige.
Två kringflackande människor som möts i en styrhytt på en liten fiskebåt på ett hav som omsluter hela vår jord. På andra sidan havet, i Storbritannien, Nordamerika eller Sydamerika, utspelade sig förmodligen samma sak, med andra människor i huvudrollerna, människor med andra drömmar och med andra historier, människor som möts i små eller stora båtar. Havet som drar sådana som oss till sig, havet som en förklarande plats, där inga frågor ställs och inga svar behövs. Det är bara vatten omkring oss, ingenting annat.

Jag tittar ut över Kosterrännans vågor och får plötsligt syn på något, vattenytan liksom kokar ett hundratal meter bort. "Vad är det där?" frågar jag. "Det är ju för fan makrillen som kommit, vårens första makrill, den jagar småsill vid ytan, man säger att makrillen springer", svarar Göran. Vi tar fram några spön och inom en halvtimme har vi fångat ett tjugotal blänkande fiskar. Det skulle bli grillad makrill till kvällen, en av mina favoriträtter.
Vid lunchtid anlöper vi hamn med ett hundratal krabbor som vi lämnar till Johan på Skaldjurscaféet. Jag lägger mina makrillar och några krabbor på flakmoppen, sparkar igång den och åker lycklig som en liten pojke i blå kortbyxor upp till huset.
Lycklig som en liten pojke som heter Per.

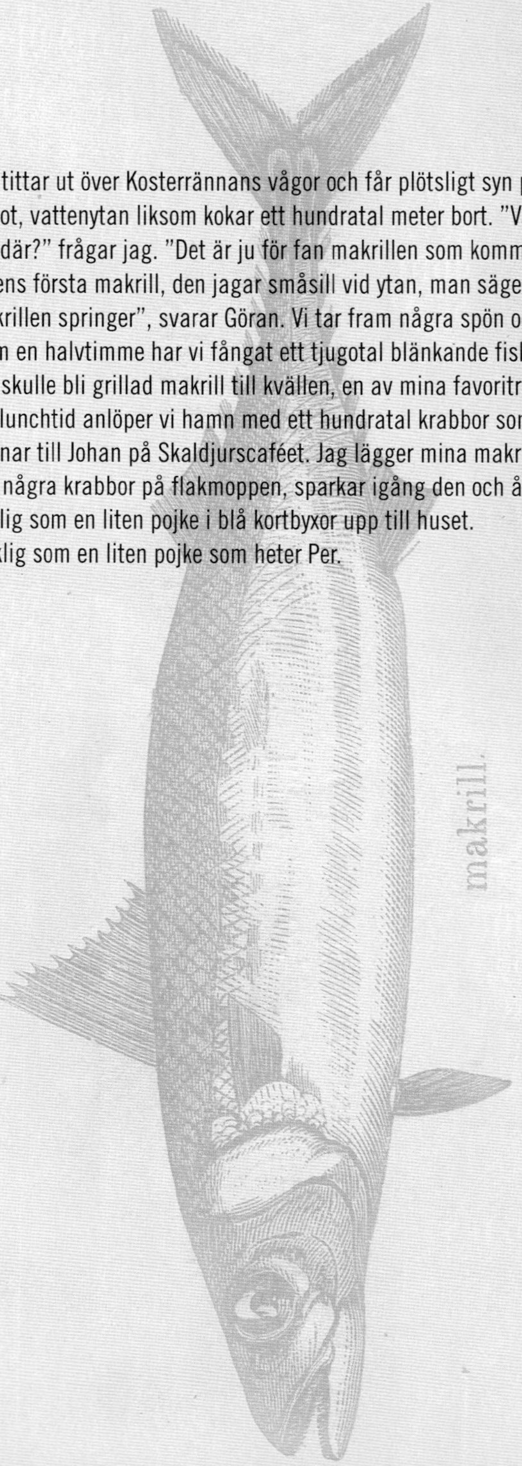

GRILLAD MAKRILL MED POTATISSALLAD

En kväll på Koster kan inledas med att några makrillar grillas. Se till att använda mycket kol och att grillen blir jäkligt het, en fiskmås som flyger över glöden på tio meters höjd ska falla död ner, död och vidbränd. Naturligtvis går det även bra att grilla fisken inomhus i en grillpanna. Många grillpannor är tyvärr för små för att grilla hela fiskar i, det finns dock stora rektangulära grillplattor som täcker två lågor på spisen, dessa är att rekommendera om man vill grilla hemma.

GRILLAD MAKRILL

4 makrillar, urtagna med huvudet kvar
2 chilifrukter, hackade
4 vitlöksklyftor, hackade
oregano, färsk eller torkad
olivolja
salt
peppar

POTATISSALLAD

Mängden av de olika ingredienserna bestämmer man efter tycke och smak. Man kan ta rödlök i stället för purjolök, eller båda osv. Det viktiga är att det blir gott, smaka av hela tiden, behövs det mer syra, mer peppar, mer salt?

1 kg potatis
1 purjolök
2 ättiksgurkor
hackad persilja
torkad dragon
kapris
hackade ägg
olivolja
vinäger
fransk senap
citron
salt
peppar

Börja med att skåra makrillen på sidorna, gnid sedan in den, in- och utvändigt, med olivolja, chili, vitlök och oregano. Salta och peppra. Låt den ligga tills det är klart att grilla.

Koka potatisen, låt den svalna något och dela den i mindre bitar. Hacka övriga ingredienser och blanda försiktigt med potatisen. Häll på olivolja, vinäger och senap och pressa citron över.

Blanda ånyo försiktigt och smaka av med salt och peppar.

När grillen är glödhet lägger man på makrillen och grillar den ganska hårt på varje sida, så att skinnet blir knaprigt och nästan brunsvart, mot slutet kan man höja grillgallret så att värmen inte blir för stark. Lägg upp på tallrik och servera med potatissalladen och en klyfta citron.

Foto: Ulf Berglund.

SKALDJUR

På höstarna är det lätt att få tag på hummer här ute på ön, det är många som fiskar och de flesta har alltid levande hummer i kassor vid bryggorna. Jag kokar och äter hummer en gång i veckan när jag är här, andra skaldjur i princip varje dag. Bortskämd, javisst.
Jag har provat hummer på de flesta sätt, varm, ljummen eller kall, och kommit fram till att den är som bäst ljummen. Jag har provat med olika tillbehör, som smält smör, chilisalsa, olika smaksatta majonnäser, och kommit till slutsatsen att en enkel majonnäs är det bästa, och lite bröd. Vid detta skaldjurskalas köpte vi 8 humrar, 4 kilo kräftor och ett antal krabbor av Göran. Så här gjorde vi.

HUMMER

1 hummer 500–700 g per person som huvudrätt, annars en halv per person
3 msk grovt salt per liter vatten

Ta din största kastrull, mät upp vatten och salt och koka upp.
Klipp av gummibanden som sitter runt klorna och lägg hummern i det kokande vattnet, låt koka 5–7 minuter beroende på storlek.

Lyft ur hummern och lägg i en bunke. Upprepa tills alla humrar är kokta. Lägg tillbaka humrarna i kastrullen och låt dem svalna i spadet. Vanligast är att man låter den ligga kallt ett dygn i spadet, men som sagt, det går alldeles utmärkt att äta den ljummen. Vid serveringen klyver man humrarna på längden och serverar med valfria tillbehör, se sid. 153.

KRABBA

Kokas i samma lag som hummer, men 15–20 minuter beroende på storlek.
Tillbehör se sid. 153.

HAVSKRÄFTOR

Kokas i samma lag som hummer, men högst 5 minuter. Koka inte för många i taget, tio är lagom.
Även samma tillbehör.

GRILLADE HAVSKRÄFTOR

Vi hade så mycket kräftor att vi grillade ett kilo och åt medan vi väntade på att de kokta skaldjuren skulle svalna. Här har jag anpassat mängden kräftor så att det blir lagom som en förrätt. Det går även att göra detta med kokta kräftor, förkorta då grilltiden, annars blir det för torrt.

12 havskräftor, levande
1 dl hackad persilja
3 vitlöksklyftor, hackade
1/2 citron, pressad
1 dl olivolja
salt
svartpeppar

Blanda persilja, vitlök, citron och olja, smaka av med salt och peppar. Klyv kräftorna på längden och pensla med ört- och vitlöksoljan. Lägg på grillen med insidan nedåt, vänd efter några minuter.
Servera med citronklyftor, Johans chiliröra, se nedan, och ett gott bröd.

TILLBEHÖR

Majonnäs, se sid. 29
Bröd

JOHANS CHILIRÖRA

4 chilifrukter, hackade
1 rödlök, hackad
1 knippe koriander, hackad
1/2 dl vinäger
1 lime, pressad
1 dl olivolja
1 msk paprikapulver
några stänk tabasco
salt
svartpeppar

Blanda alla ingredienser, smaka av med salt och svartpeppar.

SMÅRÄTTER

Ibland är det praktiskt att göra lite smårätter och ställa fram till gästerna. Antingen som en förrätt eller som en hel måltid. Många gånger får man ju mat över, till exempel en bit färsk eller rökt lax, eller några sillfiléer som inte gick åt. Dessa rester är alldeles förträffliga att göra små aptitretare på. Att man får hummerklor över tillhör väl inte vardagen precis, men faktum är att det får man på Koster då och då.

HUMMERKLO MED MAJONNÄS

4 kokta hummerklor, knäckta och urtagna
2 dl majonnäs, se sid. 29

Servera klorna med majonnäs och bröd.

SKAGEN

300 g räkor
1 rödlök, hackad
2–3 msk riven pepparrot
1 dl hackad dill
1/2 pressad citron
1 dl majonnäs, se sid. 29
salt
peppar
4 skivor bröd

Skala och hacka räkorna grovt och blanda med rödlök, pepparrot, dill och citron. Vänd ner majonnäsen i räkorna, salta och peppra. Smaka av, kanske behövs mer citron, salt eller peppar.
Servera på bröd.

Bilden föreställer Sillmacka/munsbitar.
Recept se sid. 157.

SILLMACKA/MUNSBITAR

4 skivor knäckebröd
smör
4 kokta potatisar, skivade
4 filéer skivad löksill,
eller annan inlagd sill
1 dl crème fraiche
1 gul lök, hackad

Bred smör på knäckebrödet.
Lägg på skivad potatis och sedan sill, toppa med crème fraiche och lök. Dra gärna på lite flingsalt och nymalen svartpeppar.
Om man vill kan man bryta knäckebrödet i mindre bitar och göra små munsbitar istället. Då räcker det ju till fler. Rekommenderas.

RÖKT ÅL & LAX MED ÄGGRÖRA

3 ägg
1/2 dl grädde
salt
peppar
200 g rökt ål, skivad
200 g kallrökt lax, skivad
2 salladslökar, skivade
dillkvistar

Blanda ägg och grädde i en kastrull, smaka av med salt och peppar.
Värm långsamt under konstant rörning till önskad konsistens.
Bred lite smör på till exempel kavring, klicka på äggröra och toppa med antingen ål eller lax. Garnera med salladslök och dillkvistar.

CARPACCIO PÅ LAX

300 g lax, skivad tunt
5 hackade dillkvistar
2 msk riven pepparrot
salt
peppar
olivolja
japansk soja
citron

Bred ut laxskivorna på ett stort serveringsfat.
Salta och peppra försiktigt.
Strö över dill, pepparrot, salt och peppar.
Ringla över olja och soja och pressa citron på.

HUMMERSOPPA MED TABASCOGRÄDDE

Det var söndag när vi anlände till Strömstad för vidare färd med båt ut till Sydkoster. Jag kom från fyra dagars spelningar på Victoriateatern i Malmö med 2 kilo hjortfilé och lokala skånska ostar som jag inhandlat på Bondens marknad vid Drottningtorget. Pär, Johan och Pepe kom från Stockholm med bilen full av köksutrustning och några lådor vin, färska kryddor, kamerautrustning och rekvisita som kunde komma till pass vid fotograferingen. Förnödenheter som kaffe och mjölk och komplement till kvällens hjortfiléer införskaffades på ICA i norra hamnen och 16:05 avgick båten ut mot ön, över Kosterfjorden och in till Långegärde brygga i Kostersundet som skiljer Sydkoster från Nordkoster. Sedan vandringen till huset, 15 minuter i ovisshet. Skulle flakmoppen starta även denna gång? Den gamla flakmoppen som stod ute året om med endast en presenning som skydd mot väder och vind. Av med presenningen, bensinkranen i rätt läge, choken ner, friläge, lite lagom gas och så en spark nedåt med högerfoten på startpedalen. Jodå, den startade på första försöket. Det spelar ingen roll vilken tid på året man kommer, den går alltid igång. Efter några turer fram och tillbaka mellan bryggan och huset var all packning uppe. Johan från Skaldjurscaféet hjälpte till och med två flakmoppar gick det undan, jag hann till och med tända en brasa i kaminen innan de övriga i kokboksteamet släntrade in genom dörren.

Skymningen hade börjat falla över havet och ön, och jag gjorde som jag alltid gjorde när jag installerat mig i huset, hällde upp en whisky, öppnade en burk folköl, tände en cigarett och ställde mig att se ut över havet. Fortsatte man rakt ut skulle man

hamna i Skottland, det fanns ingenting annat emellan, bara hav. Inne i huset spred kaminen värme, vinflaskorna hade korkats upp och kvällens middag hade påbörjats. Rutinmässigt öppnade jag dörren till frysen och hittade några burkar med hummerfond, jag kokar alltid fond på skalen när det ätits hummer, den kommer alltid väl till pass när man gör såser eller soppor. Så även denna kväll. Johan som var ansvarig i köket gjorde denna superba hummersoppa som en förrätt till den hjortfilé med kantareller som strax skulle följa.

HUMMERSOPPA

1 lök, hackad
1 morot, fintärnad
1/2 chilifrukt, skivad
2 vitlöksklyftor, hackade
1/2 fänkål, tunt skivad
2 msk smör
2 dl vitt vin
6 dl hummerbuljong
2 dl grädde
salt
peppar

Svetta lök, morot, chili, vitlök och fänkål i smör i en kastrull. Se till att de får fin färg. Slå på vitt vin och låt koka upp, häll i buljong och låt sjuda 30 minuter utan lock. Tillsätt grädde och låt koka ytterligare 10 minuter. Smak av med salt och peppar. Sila av soppan och servera med tabascogrädde.

TABASCOGRÄDDE

2 dl grädde
salt
svartpeppar
tabasco

Vispa grädden halvhård, smaka av med salt, peppar och tabasco.

PLURAS FISKSOPPA

Denna soppa är gjord efter principen man tager vad man haver, ja inte riktigt, fisken simmar ju inte in i kylskåpet av sig själv. Men man tager av vad som finns i fiskdisken, efter att först ha tittat i plånboken. Man kan vidare vara ambitiös och koka egen fiskbuljong på fiskben och grönsaker, detta gör jag inte själv, bara vid festligare tillfällen, eller när jag är på Koster och har tillgång till mycket fisk. I vardagen fuskar jag med buljongtärningar, dock gör jag buljongen mycket svagare än vad som rekommenderas på förpackningen. Så här gör jag när soppan ska stå på bordet, typ nyss.

750–1 000 g fisk, exempelvis torsk (kolja, sej, etc), hälleflundra, lax, marulk
blåmusslor
räkor
2 vitlökar, hackade
1 purjolök, skivad
1 morot, skuren julienne (strimlad som tändstickor)
2 selleristjälkar, skurna till julienne
10 sugarsnaps, skurna till julienne
saffran
4 tomater, hackade
1 glas vitt vin
2 liter vatten
2 fiskbuljongtärningar
salt
peppar
saften av 2 apelsiner

Börja med att fräsa grönsakerna, utom tomaterna, i en stor gryta eller kastrull. Tillsätt efter hand saffran, fortsätt röra en stund. Häll i tomaterna och låt dem svettas en stund under omrörning. Tillsätt sedan vin och vatten, låt koka upp. Sänk värmen så att soppan bara sjuder, lägg ner 2 buljongtärningar, rör om så de löses upp. Smaka av, det ska vara en svag fisksmak. Salta och peppra, tillsätt eventuellt mer buljongtärning om du vill ha starkare smak. Låt soppan sjuda under lock 10 minuter och tillsätt sedan den pressade apelsinjuicen, fisken och skaldjuren. Fastare fisk som marulk och hälleflundra tar längst tid så lägg ner dem först. Räkorna ska bara bli varma så tillsätt dem sist. Servera med en bit bröd och en klick aioli.

KUMMEL I TUNN SMÖRSÅS

Jag brukar göra denna rätt på torsk, men just denna dag fanns ingen torsk att uppbringa, så det fick bli kummel istället. Bäst blir det om man kan få tag på tjocka ryggfiléer.

4 kummelfiléer, eller torsk, sej, kolja, långa, lubb etc
2 dl grahamsmjöl
salt
peppar
smör och olivolja till stekning
1 lök, hackad
2 vitlöksklyftor, pressade
2 dl vitt vin
2 dl fiskbuljong
1/2 dl grädde
4 msk smör för montering av sås
salt
peppar
12 musslor
2 msk kapris
1 dl färska örter
20 räkor
4 portioner kokt potatis

Krydda kummeln med salt och peppar och panera i grahamsmjöl.
Hetta upp smör och olivolja i en panna och stek fisken halvklar, lyft den ur pannan.
Lägg i lök och vitlök och låt steka någon minut, slå på vin och koka upp.
Tillsätt buljong och grädde och koka ihop något.
Montera ner smöret i såsen, lite i taget under vispning, smaka av med salt och peppar.
Såsen ska vara rätt tunn och lättflytande.
Lägg i kummel, musslor, kapris och örter och låt sjuda tills musslorna öppnar sig.
Lägg i räkor och servera med kokt potatis.

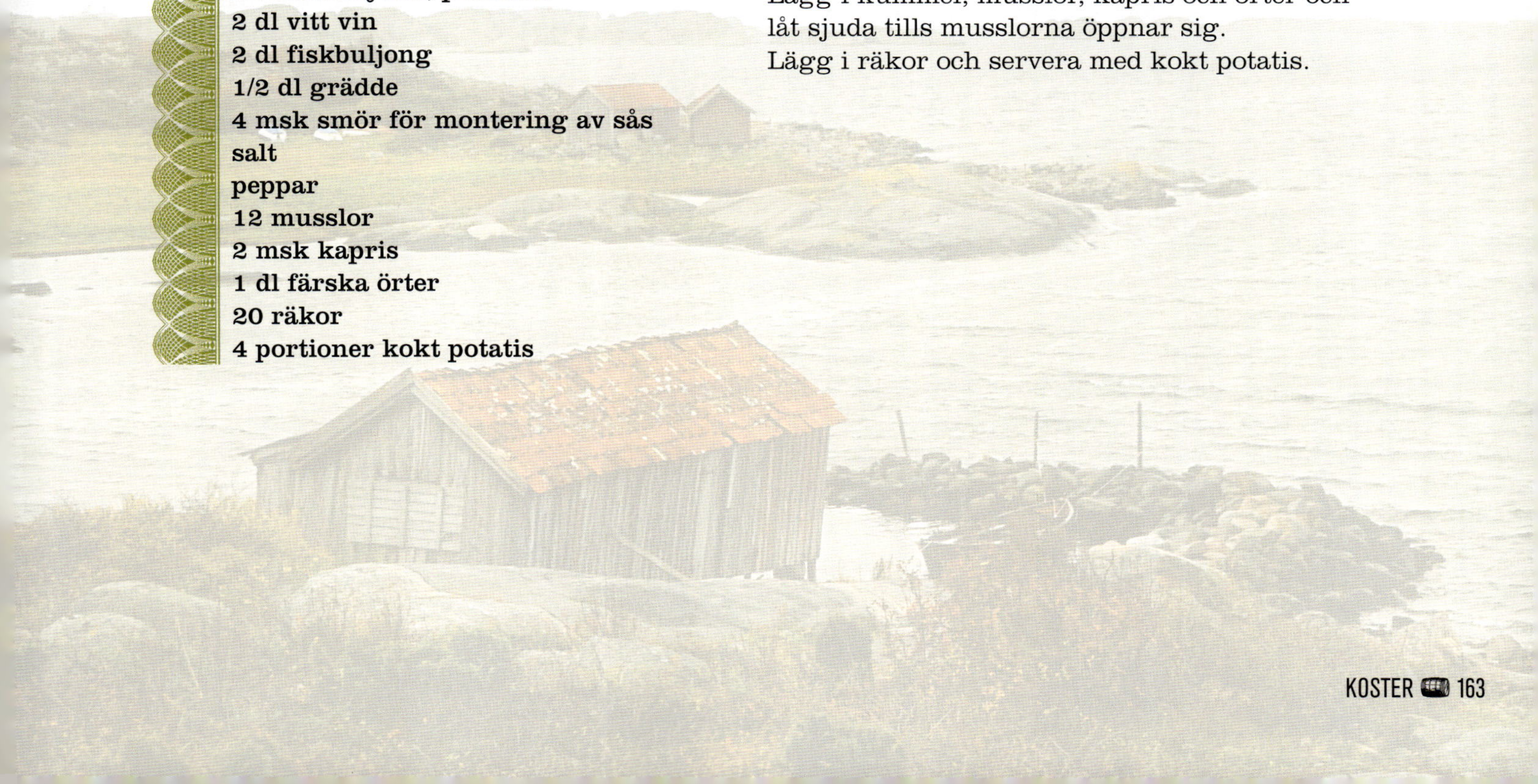

INKOKT LAX MED DILLMAJONNÄS

En svensk klassiker. Det är så mycket vår och sommar över denna rätt, det är syren och blåklint och små fåglar som sjunger. Sommar med färskpotatis och dill. Inkokt lax är att sitta i hamnen i Gränna och titta ut över Vätterns vatten, som jag gjorde en tidig julikväll för en tid sedan när jag skulle medverka i ett allsångs-arrangemang i polkagrisarnas stad. Restaurangen var stängd på grund av överbelastning, men de förbarmade sig över mig och dessutom serverade de en alldeles utmärkt lax.
Ett midsommar- eller julbordstips: Skär laxen i kuber om 2 x 2 cm innan den läggs i lagen. Lägg upp på serveringsfat och ställ bland sill och andra laxvarianter, naturligtvis i sällskap av en hemmagjord dillmajonnäs.

4 bitar lax à ca 150 g
1 1/2 liter vatten
1 lök, skivad
1 morot, tunt skivad
2 msk vinäger
1/2 citron
10 vitpepparkorn
5 kryddnejlikor
2 lagerblad
salt
3 dl majonnäs, se sid. 29
1 dl hackad dill
250 g sockerärter

Koka upp vatten med lök, morot, vinäger, citron, vitpeppar, kryddnejlikor, lagerblad och salt.
Lägg i laxbitarna, lägg på lock och dra från värmen. Redo, ätas efter 15 minuter, eller låt svalna i lagen.
Blanda majonnäs och dill, smaka av med salt och peppar.
Koka sockerärterna lätt i saltat vatten.
Servera laxen med majonnäs, sockerärter och potatis med dill.

GRILLAD LAX MED MANGOSALSA

Ett midsommardagsrecept. Du har en kastrull med färskpotatis över sedan gårdagen och har ont i huvudet. Förmodligen har du även grillkol över. Tänd då grillen och lägg på potatisen när du fått fin glöd. Detta recept förutsätter förstås att du varit förutseende och handlat en bit lax. Om inte, cykla till affären och köp en bit fläskkarré.

GRILLAD LAX

4 bitar lax à 200 g
1 kg kokt färskpotatis
2 msk olivolja
2 msk flingsalt
peppar

Pensla laxen och vänd potatisen i olja, krydda med salt och peppar.
Börja med att grilla potatisarna, vänd dem då och då. När de börjar få fin färg lägger du på laxen och grillar den några minuter på varje sida.
Servera med salsan.

MANGOSALSA

1 ask cocktailtomater, halverade
1 mango, tärnad
6 salladslökar, fint skivade
1–2 chilifrukter, skivade
1/2 kruka koriander
1/2 kruka persilja
1 lime, pressad
2 msk olivolja
salt
peppar

Blanda alla ingredienser och smaka av med salt och peppar.

KOSTER
RÅRÅKA 031/12 42 00

Ostron äro bäst, när de äro hårdbrutna och skägget vid tryckning rör sig efter öppnandet. De som sjelfva hafva öppnat sig äro odugliga. All slags skalfisk, hummer, kräftor och ostron äro bäst i de månader, hvilka innehålla ett *r*, alltså i sept.—april.

OSTRON X 2

En dag fick vi låna Skaldjurscaféets kök, ingen var gladare än Johan, speciellt när Göran och jag försökte få igång restaurangugnarna, sällan har det väl letts i mjugg så ogenerat och öppet som då.

På kvällen skulle Ingegerd återigen bjuda på ostron från Kosters vatten. Phil Davis som har en dykerirörelse på ön hade varit vänlig nog att fiska dem åt oss. Som grädde på moset anlade räkfiskaren Björn bryggan vid sextiden, strax före middagens början. Båten var överlastad med nykokta räkor, vartenda hörn och utrymme på båten var utnyttjat för att förvara räkor och att bringa fångsten i hamn. Vi fick en låda räkor som bars till bordet, samt ett kilo råräkor, som vi doppade i ostronsåserna och åt med skal och allt. Ibland när man tror att allt är så bra som det kan överträffar verkligheten sig själv och blir bara bättre. Har ni tänkt på det?

Ostron äts ju ofta bara med några droppar citron på, här är två exempel på andra tillbehör samt en tillagad ostronrätt.

SCHALOTTENVINÄGER

2 dl sherryvinäger
3 schalottenlökar, finhackade

Blanda samman och låt dra någon timme.

ASIATISK CHILIDIPP

3 chilifrukter, finhackade
3 salladslökar, tunt skivade
1 knippe koriander, hackad
2 dl risvinäger
2 msk socker

Blanda samman och låt dra någon timme.

CHAMPAGNEKOKTA OSTRON

öppnade ostron, valfritt antal
smör
salladslök, skivad
champagne
vitpeppar

Lägg en liten klick smör och lite lök i varje ostron.

Lägg på grillen och när det börjar bubbla i ostronen, slå på lite champagne och toppa med vitpeppar.

PIGGVAR MED SIDFLÄSK OCH PEPPARROT

När jag ser eller äter piggvar tänker jag osökt på Curt som jag handlade fisk av på Hasselö under de år jag var där på 80-talet. Följande stycke är hämtat ur min bok *Resa genom ensamheten*:

"Den fisk jag åt handlade jag av Curt. Han var fiskarsonen som hade seglat på de sju haven som maskinist om jag inte minns fel, återvänt hem och börjat fiska igen. Jag kommer ihåg första gången jag träffade honom, vi stod nere på hans brygga, som två främmande världar som kolliderat, två kufar som hittade varann på något sätt, ett första trevande samtal, efter det var jag där nästan varje dag och handlade fisk. Ibland hade han piggvar, oftast inte så stora, men på ett till två kilo, vilket är lagom för en person. – Vad ska du ha för den? – Äh, det är väl inget att ha, du får den. – Men den skulle ju kosta flera hundra i Stockholm. – Ja, får jag femton spänn då, sa Curt. Jag lade den som den var på en plåt med olivolja och timjan och körde den i ugnen på hundra grader i en timme och åt den med smält smör och pepparrot. Pepparrot som Curt och hans far, Gustav, grävde upp åt mig, pepparrot som växte vilt på deras tomt, den var lång och smal, den man köpte i affären ansåg de vara smaklös.
Curt hade en lucka uppe på bryggan och när den öppnades såg man ner i en stor nätkasse, eller sump, där fångsten simmade omkring, man tog en håv och försökte håva upp den fisk man ville ha, ibland fanns det lake, som jag flådde och skar i bitar, varvade på spett med citronskivor och la över glöden i öppna spisen, till laken åt jag äggröra kryddad med dragon. Torsk, sik, gädda, abborre, rödspätta, gös, ål, lax, ja all Östersjöns fisk simmade omkring i nätkassen under bryggan och allt hamnade i min stekpanna. En gång i veckan tändes röken upp, och strömming, ål och flundra röktes och avnjöts.
Jag levde i Fiskparadiset, jag åt pinfärsk fisk varje dag. Curt lärde mig också att äta rom, eller rättare sagt hela romsäcken, man steker den bara långsamt och försiktigt, saltar och pepprar och pressar lite citron över."

Ja, att lägga piggvaren i ugn och tillaga den på låg värme är ett väldigt bra och enkelt sätt att anrätta den. Här är ett annat sätt att tillaga piggvar.

4 bitar piggvar à 200 g
2 liter vatten
salt
1 lök, skivad
1 morot, skivad
några korn vitpeppar
4 portioner grön sparris, kokt
200 g sidfläsk, knaperstekt
skirat smör
nyriven pepparrot

Koka upp vatten med önskad mängd salt, lök, morot och vitpeppar.
Lägg i piggvaren och sjud 5–8 minuter, känn med finger/gaffel så de är klara.
Lägg upp på tallrik med sparris i botten och toppa med sidfläsk, skirat smör och pepparrot.
Servera med kokt potatis.

RÖDTUNGA MED REMOULADSÅS

Plattfisk är bäst helstekt, eller som man säger, stekt på benet. Detta gäller för övrigt all annan fisk också. Med risk för att bli tjatig måste jag ändå säga att detta recept kan användas till all plattfisk; sjötunga, bergtunga, rödspätta och flundra.

RÖDTUNGA

4 rödtungor, urtagna
2 dl vetemjöl
salt
peppar
smör

Salta och peppra rödtungorna, panera i vetemjöl och stek i smör på båda sidor. Servera med nedanstående remouladsås och kokt potatis.

REMOULADSÅS

2 msk smör
1 gul lök, hackad
1 äpple, skalat och tärnat
2 msk curry
1 liten burk pickles, avrunna och grovhackade
2 dl majonnäs, se sid. 29
salt
peppar

Hetta upp en panna med smör och stek lök och äpple mjuka, tillsätt curry och stek med under omrörning några minuter. Ta åt sidan och låt svalna. Blanda curryfräs med pickles och majonnäs, smaka av med salt och peppar.

Att steka fyra rödtungor och få dem klara samtidigt låter sig inte göras utan fyra stora stekpannor, vilket ingen människa har. Man får helt enkelt bryna rödtungorna en i taget så att de får färg, men inte blir färdigstekta. 5 minuter före serveringen lägger man dem på en plåt och låter dem gå klara i ugnen på hög värme. Detta förfarande kan tillämpas på all stor plattfisk.

PLURAS FISKPUDDING

Har du fått kokt fisk över rekommenderar jag att du gör denna bortglömda rätt. Annars kan du ju alltid köpa ett halvt kilo fisk och koka. Vilken fisk som helst går bra. Mitt bidrag till denna rätt är väl räkorna, men man kan naturligtvis ta musslor eller kräftstjärtar istället. Sagolikt gott med skirat smör och lingon, en rätt som det är svårt att sluta äta när man väl börjat.

1 1/2 dl grötris
1 dl mjölk
3 dl vatten
2 ägg, uppvispade med någon deciliter grädde
1/2 kg kokt torsk, delad i mindre bitar och befriad från ben
200 g räkor, skalade
salt
peppar
2–3 msk ströbröd
100 g skirat smör
2 dl lingonsylt

Sätt ugnen på 225°.
Koka riset i en blandning av mjölk och vatten, låt svalna. Blanda ris, torsk och äggsmet. Tillsätt de skalade räkorna, smaka av med salt och peppar. Häll ner smeten i en smörad och bröad form, pensla med smält smör, strö bröd över och grädda i ugnen 30 minuter.
Servera med skirat smör och lingonsylt.

SVARTKÅL MED STEKT MARULK

En dag köpte jag en låda kål av Helena på Kosters trädgårdar, olika sorter, vitkål, grönkål och en svartgrön variant som kanske kallas svartkål. Kål för ett helt kompani som man säger. I alla fall sa man så förr när det fanns kompanier. Det får vara som det vill med den saken, men lådan fick stå under tak ute på verandadäcket. Den tittade uppfordrande på mig varje gång jag gick förbi den eller satt bredvid den på bänken och rökte en cigarett och drack ett glas whisky i solnedgången. Vad gör man med så mycket kål, tänkte jag och tittade misstroget på lådan. Äh, det är väl bara att sätta igång, intalade jag mig och tog ett svart huvud ur lådan och så blev det så här.

600 g svartkål, eller vilken kål som helst, skuren i mindre bitar
800 g marulk, helstekt
olivolja
smör
2 vitlöksklyftor, hackade
en näve hackad persilja
1 dl grädde
salt
svartpeppar
citronklyftor

Bryn kålen i olivolja och smör i en stekpanna, tillsätt hackad vitlök och persilja, salta och peppra och låt gå tills den börjar bli klar, det tar ca 5 minuter. Här skulle den kunna vara klar, men jag utvecklade det vid ett senare tillfälle genom att slå på 1 dl grädde och ställa in den i ugnen på 150° medan jag gjorde fisken. Titta till kålen då och då, slå på mer grädde om det verka gå torrt. Det ska bli lite krämigt.

Hetta upp en panna och bryn marulken runt om i smör, krydda med salt och peppar.

Sätt in i ugn på 150° ca 10 minuter eller till en innertemperatur på 58°.

Skär upp marulken och lägg på en bädd av ugnsbakad kål.

Om man vill kan man servera kokt potatis till. En skiva citron hör ju också till.

TORSK, LÅNGA ELLER LUBB MED ROTMOS

Jag älskar rotmos och har alltid tyckt att det var lite synd att man bara åt det till fläsklägg och fläskkorv. Tills jag en dag i slutet av 80-talet hittade en kokbok av en dansk kock vid namn Erwin Lauterbach och han serverade just rotmos till ugnsstekt torskstjärt, ja alltså, den bakre biten av torsken. Jag provade genast och det var en suverän kombination.
I dessa tider är det ju inte alltid så lätt att handla torsk, då tar man vad som finns, torsken har ju många släktingar. Vid detta tillfälle på Koster fick jag tag på långa.

TORSK, LÅNGA ELLER LUBB
1 kg torsk, långa eller lubb
vetemjöl
smör
flingsalt
vitpeppar

ROTMOS
1 kg kålrot
1 kg potatis
salt
vitpeppar

Rensa fisken och dela den i portionsbitar, salta och peppra, vänd i lite mjöl och stek bitarna försiktigt i smör så att de får färg och låt sedan fisken gå klar i ugnen på 150°, 5–10 minuter beroende på tjocklek. Servera med rotmos. Man kan lika gärna koka fisken naturligtvis. Rimmad kokt torskrygg eller filéer är en höjdare till rotmos.
Jag brukar göra mycket rotmos när jag ändå är igång, det är bara att frysa in det som blir över. Principen för rotmos är hälften kålrot och hälften potatis. Skala rotsakerna, skär dem i mindre bitar, 2 x 2 cm, och börja med att koka kålroten i kort spad, det lätt saltade vattnet ska stå strax över kålbitarna. Efter 20 minuter lägger ni ner potatisen och kokar tills allt är mjukt. Slå av spadet, men spara det. Mosa potatisen och kålroten med en press och späd med det sparade spadet till önskad konsistens, jag tycker rotmoset ska vara ganska löst. Salta och peppra och håll varmt tills det är dags att servera.

VITLING MED INGEFÄRSMAJONNÄS

Jag skulle vilja utveckla Strindbergs berömda ord och säga: Det är synd om människorna på östkusten. Varför det då? undrar ni. Jo, det beror på att det äts för lite vitling på den östra sidan av Sverige. Jag tycker att det är en lysande matfisk, och alla som jag bjudit på denna rätt håller med mig. Nyfångad vitling står för sig själv och behöver inte mycket sällskap på tallriken, här ackompanjeras den dock av en strålande ingefärsmajonnäs, som faktiskt är ett fantastiskt komplement till både hummer och andra skaldjur.

800 g vitlingfilé
1 sats majonnäs, se recept sid. 29
4 cm ingefära
8 små morötter, skalade
2 dl grahamsmjöl
salt
peppar
smör
4 portioner kokt potatis

Börja med att skala och riva en bit ingefära, samla sedan upp det rivna i en silduk, köp en eller ta en kökshandduk, pressa ut vätskan i en skål. Häll ner ingefärsjuicen i majonnäsen och ställ åt sidan. Den blir bara bra av att stå så den kan göras långt i förväg.
Koka morötterna hela i saltat vatten.
Salta och peppra vitlingen och vänd i grahamsmjöl.
Hetta upp smör i en panna och stek fisken klar.
Servera med nypocherade morötter och potatis.

BLEKA MED SMÖRSTEKT MANGOLD OCH VITVINSSÅS

Bleka eller lyrtorsk säljs ibland under namnet havslax, fast egentligen är det väl mer en torskfisk. Har väl aldrig ansetts som någon stor matfisk, men jag lovar, den är förträffligt god. Sedan vill jag åter slå fast att de flesta av fiskrecepten i denna bok går att applicera på de flesta fiskar, kok- och stektider kan dock variera, beroende på typ av fisk och tjocklek på filéer eller kotletter. Så denna rätt kan alltså med fördel göras med lax, torsk, sej, kolja eller hälleflundra, bara för att nämna några.

BLEKA

4 portioner bleka, skuren i kotletter
smör
salt
peppar

Krydda blekan med salt och peppar.
Stek i smör 2–3 minuter på varje sida.

SMÖRSTEKT MANGOLD

400 g mangold
smör
salt
peppar

Hetta upp en panna med smör och stek mangolden hastigt. Smaka av med salt och peppar.

VITVINSSÅS

2 msk smör
1 gul lök, hackad
3 stjälkar selleri, tärnade
1 morot, tärnad
1 kvist timjan eller 1/2 tsk torkad
2 dl vitt vin
3 dl fiskbuljong
2 dl grädde
salt
vitpeppar

Smält smör i en kastrull och stek, eller snarare värm, lök, selleri och morot mjuka utan att de får färg.
Lägg i timjan och låt steka med någon minut.
Slå på vin och koka upp, slå sedan på buljongen och låt sjuda tills hälften av vätskan kokat bort.
Häll på grädden och koka upp, sänk värmen och låt sjuda ca 15 minuter.
Smaka av med salt och peppar.
Sila genom finmaskig sil.

Lägg upp mangold på tallriken, lägg fisken ovanpå och slå såsen runt omkring.

INLAGD TORSK, SALLAD MED TORSK OCH HAVSKRÄFTOR, SERVERAD MED PERSILJEMAJONNÄS

En rätt som vi hittade på med ingredienser som blivit över. Det blev en sallad. Den inlagda torsken platsar ju också bland sillarna vid jul-, påsk- och midsommarhelgerna.

INLAGD TORSK

400 g torskfilé
3/4 dl ättika
1 1/2 dl socker
2 1/2 dl vatten
1–2 dl vetemjöl
smör
salt
vitpeppar

Börja med att koka ihop lagen av ättika, socker och vatten, ställ åt sidan och låt svalna. Skär torskfiléerna i fingerstora bitar, krydda med salt och peppar, vänd i vetemjölet och stek dem hastigt i smör, de ska inte bli genomstekta.
Låt svalna lite och lägg dem i lagen, låt marinera över natten.
Som sagt, förträffligt på sillbordet.

SALLAD MED TORSK OCH HAVSKRÄFTOR, SERVERAD MED PERSILJEMAJONNÄS

1 sats majonnäs, se sid. 29
1–2 vitlöksklyftor, pressade
1 dl hackad persilja
4 portioner blandsallad
4 tomater, klyftade
olivolja
citron
400 g inlagd torsk, se ovan
12 kokta havskräftstjärtar
1/2 purjolök, skivad

Börja med att blanda majonnäs med vitlök och persilja.
Grunda sedan ett fat med sallad och tomater.
Stänk över olivolja och citron.
Lägg på torsk och havskräftstjärtar, toppa med purjolök och servera med persiljemajonnäsen.

RECEPTREGISTER

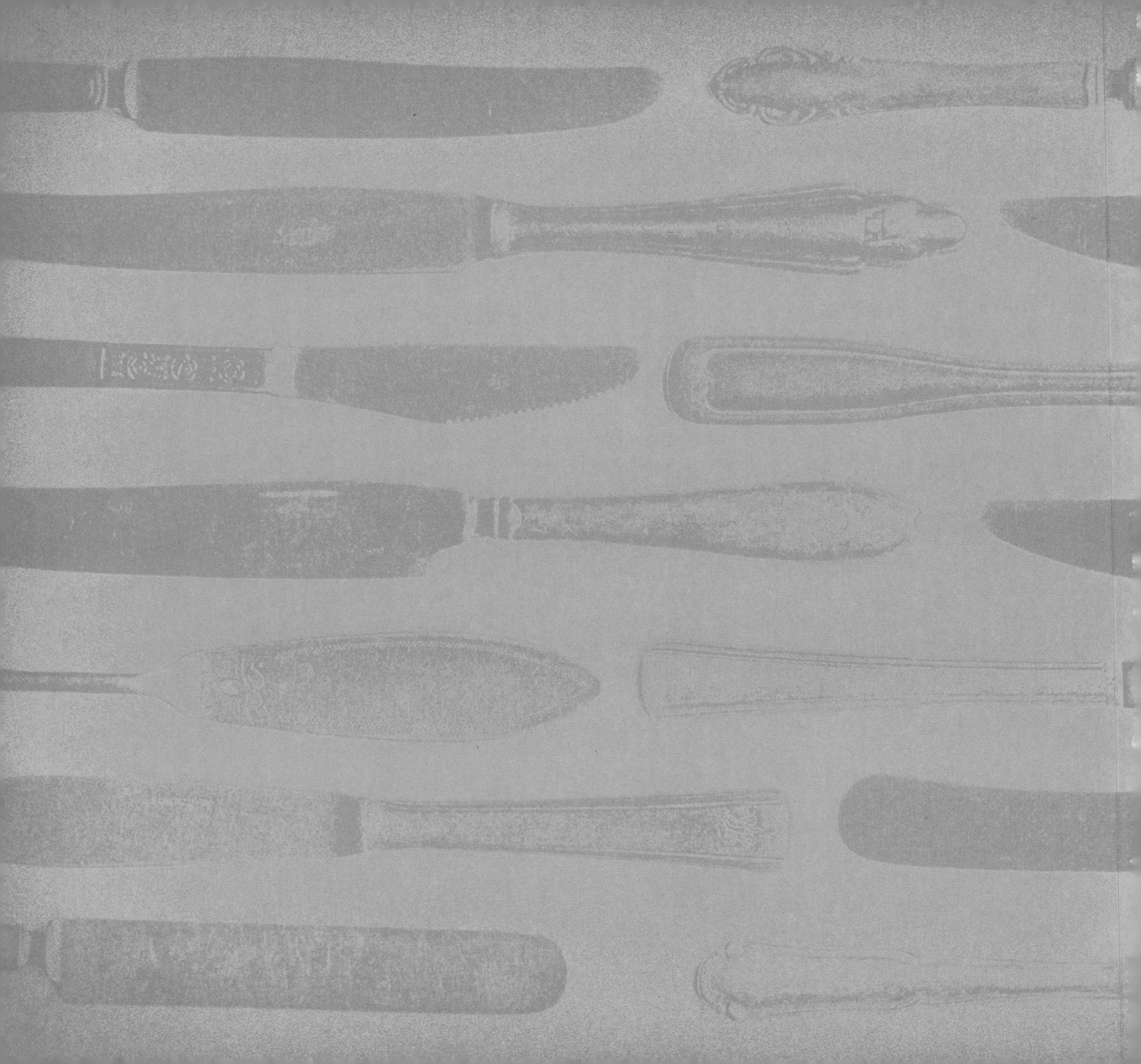